AF404831

GEORGES RÉMOND

Avec les Vaincus

LA CAMPAGNE DE THRACE

(Octobre 1912 - Mai 1913)

BERGER-LEVRAULT, ÉDITEURS

AVEC LES VAINCUS

GEORGES RÉMOND

CORRESPONDANT DE GUERRE DE *L'ILLUSTRATION*

AVEC LES VAINCUS

LA CAMPAGNE DE THRACE

(Octobre 1912–Mai 1913)

AVEC 2 CARTES HORS TEXTE

BERGER-LEVRAULT, ÉDITEURS

PARIS | NANCY
Rue des Beaux-Arts, 5-7 | Rue des Glacis, 18

1913

AU

COLONEL DJEMAL BEY

GOUVERNEUR MILITAIRE DE CONSTANTINOPLE

QUI

AU MILIEU DE LA DÉFAITE

CONSERVA UNE AME INVAINCUE

ET

NE DOUTA JAMAIS DE LA PATRIE

PRÉFACE

—

Ce livre n'est qu'une suite de croquis et de photographies instantanées. Fait au jour le jour, heure par heure, dans les camps, sous la tente, à cheval, au milieu de la déroute, des scènes du choléra, des drames de la révolution, on ne devra pas s'étonner d'y trouver quelques contradictions et appréciations hâtives démenties ensuite par les faits.

Je devais le publier tel quel, sans corrections, sous peine de lui enlever son unique mérite qui est celui de la sincérité, sincérité de l'impression et de la réaction immédiates.

Je sens vivement aujourd'hui combien le sujet déborde le cadre misérable que force m'a été d'adopter; combien cette petite notation d'une si grande tragédie est en quelque sorte inconvenante et peu propre à en donner une idée véritable. Mais alors les événements se succédaient si rapides, qu'ils me laissaient à peine le temps de m'en apercevoir et de le regretter.

Une fois cependant, il me sembla en éprouver profondément toute la pauvreté devant le tableau sublime de Stamboul endormie.

Je me suis permis de raconter ici à quelle occasion, estimant qu'on jugerait moins sévèrement de mon inhabileté, après que je l'aurais constatée et condamnée moi-même.

— Vers la fin de mars, la guerre languissait aux lignes de Tchataldja. On était las de visiter chaque jour un champ de bataille toujours le même, de compter le nombre des shrapnells dont la fumée blanche s'éparpillait à la crête des collines en flocons légers vers le ciel. L'absence d'événements me permettait ainsi de me donner, de temps à autre, un bref congé et de retourner à Constantinople.

Une fois que j'avais laissé les coteaux de Hademkeuï encore tout pelés et galeux de l'hiver, avec, de-ci de-là, quelques taches de puis, toujours silencieux, reprit ses avirons et fila comme il était venu.

« Qu'est-ce, Moustapha? » demandai-je. — « Toutoun effendim, tabac, Monsieur (il vient voir si nous ne transportons pas de tabac, si nous ne sommes pas contrebandiers). »

Nous passions dans l'ombre des grands vaisseaux de guerre, dures montagnes de fer, sur le profil rigide desquelles apparaissait la tache noire, infiniment petite, de quelque sentinelle immobile.

Au loin, comme un promontoire de songe, la pointe du sérail avançait suspendue dans la brume lactée. Les flammes bleues du grand saphir nocturne, intérieures et comme résorbées, s'achevaient dans la clarté lunaire qui les enclosait.

Et la silhouette de Stamboul endormie commença de se dérouler sur le ciel, féerique, lunaire, reflétée, suspendue elle aussi entre deux éléments immatériels, vision si rare qu'ainsi que dans un rêve je n'eusse osé souffler sur elle de peur qu'elle s'embrouillât et disparût.

Cette nuit n'était pas languissante comme

d'Asie en ourlaient-elles les bords, de même que le sens d'une presque imperceptible réalité les confins du sommeil ou du rêve.

Et quel divin silence ! Seule au sommet d'un mât de signal, une petite lueur intermittente brisait la quiétude universelle.

« Yavash, yavash, doucement, doucement ! » disais-je aux deux caïdjis, « à quoi bon se hâter ? Nous sommes absolument seuls au monde ! »

Vers minuit, des voix de prière montèrent des deux continents, mais tellement lointaines dans l'espace et dans les siècles, si anciennes, si différentes des voix de la terre, qu'elles ajoutaient encore à la sensation de solitude et d'illimité.

Moustapha, accroupi au fond de la barque, se levait, s'agenouillait, plongeant le front, s'essuyant la face de ses paumes, puis les haussant toutes ouvertes afin que Dieu y pût lire, faisant les gestes accoutumés du bon musulman.

Cependant, une barque, que nous n'avions pas entendue, glissa auprès de nous. Un homme se dressa, regarda dans la nôtre,

puis, toujours silencieux, reprit ses avirons
et fila comme il était venu.

« Qu'est-ce, Moustapha ? » demandai-je. —
« Toutoun effendim, tabac, Monsieur (il vient
voir si nous ne transportons pas de tabac,
si nous ne sommes pas contrebandiers). »

Nous passions dans l'ombre des grands
vaisseaux de guerre, dures montagnes de
fer, sur le profil rigide desquelles apparaissait
la tache noire, infiniment petite, de quelque
sentinelle immobile.

Au loin, comme un promontoire de songe,
la pointe du sérail avançait suspendue dans
la brume lactée. Les flammes bleues du grand
saphir nocturne, intérieures et comme résorbées, s'achevaient dans la clarté lunaire qui
les enclosait.

Et la silhouette de Stamboul endormie
commença de se dérouler sur le ciel, féerique, lunaire, reflétée, suspendue elle aussi
entre deux éléments immatériels, vision si
rare qu'ainsi que dans un rêve je n'eusse
osé souffler sur elle de peur qu'elle s'embrouillât et disparût.

Cette nuit n'était pas languissante comme

une nuit d'été qui vous enveloppe et vous conquiert tout entier. Le frisson de l'hiver y passait encore à travers l'air du printemps, laissant à l'intelligence son agilité.

Il me semblait pour la première fois découvrir avec lucidité ce que, depuis tantôt six mois, j'étais venu regarder. J'avais enfin trouvé le recul suffisant, le point de perspective. Images historiques : les murs croulants de Byzance, le grand camp de Stamboul, selon la vivante comparaison de Claude Farrère fait d'immenses tentes montées en dômes élevés et de lances fichées auprès et pétrifiées en minarets aigus comme elles, visages du passé, réalités troubles du présent, tout cela s'animait devant mes yeux et traversait ma tête avec, enfin, sa signification véridique.

J'eusse voulu arrêter une telle minute. D'autres, avant moi, y avaient réussi, avaient su tirer de leur vision quelques figures qui ne périraient pas !

Pour moi, j'avais, durant tant de jours, regardé de trop près, accumulé les détails en vain, scruté, les yeux dans les yeux, l'expression des visages des fuyards de Kirk-Kilissé

ou de Lulé-Bourgas, des cholériques de Hademkeuï, des soldats enlizés dans la boue des
marécages du Karasou, des cadavres sanglants et à demi dévorés de la vallée d'Ilèré
Tabia, mais non pas deviné et traduit l'âme.

Dans ce décor incomparable, je voyais
apparaître à peu près nettement les ombres
des personnages qu'avec un peu d'art j'eusse
dû susciter à la vie et dont je n'avais fait que
disséminer et éparpiller les traits, le soldat
turc agonisant, l'émigrant pourchassé vers
l'Asie, leur angoisse, leur souffrance, leur
désespoir, le paradis terrestre qu'ils avaient
conquis sur la rive d'Occident, qu'ils avaient
défendu, qu'ils allaient perdre, et les causes
de tout cela ; deux figures, ainsi qu'en un
diptyque, non point cent ou deux cent mille
comme j'avais fait, mais qui eussent résumé
toutes les autres, figures agissantes et par-
lantes jusqu'à s'échapper du cadre et à le
briser, et non silhouettes innombrables, sans
chair, sans os, sans âme, fugitives et qu'en-
registre l'objectif banal du photographe.

La description minutieuse, l'analyse quo-
tidienne, l'inventaire finissent par trahir. Un

artiste, un historien même, digne de ce nom, ne doivent point seulement copier la nature ou énumérer des faits, mais les recomposer, en découvrir la loi, les créer à nouveau.

Mais le temps nous pressait maintenant, et je les voyais disparaître, ces ombres, avant que de les avoir pu saisir.

Nous poursuivions. Je descendais à l'échelle d'Eyoub et gravissais la colline.

Alors, ce qui n'avait été qu'une silhouette découpée sur le ciel et sans profondeur, s'amplifiait : grandes masses, profils si rares qu'une note musicale en rendrait seule la subtilité, lueurs harmonieuses, beaux espaces de ciel et de mer, tout le mirage d'Orient se déployait à mes pieds.

Et comme la beauté, l'histoire, l'âme profonde d'un pays et toutes les idées générales qui s'y rapportent et tout ce qu'il contient de charmant ou de douloureux s'expriment, en définitive, dans un visage de femme qui les accomplit, les parachève, et les juge, voici que, sous les cyprès et sur les tombes, d'autres ombres m'accompagnaient : amies, filles de grands poètes de ma race où ils ont mis tout ce qu'ils avaient compris et aimé de l'Orient, et qu'ils ont ensevelies ici, belles mortes ou belles vivantes ? Je ne sais cependant. Je n'ose dire à quel point l'une d'elles m'était présente. Vraiment elle dansait comme une flamme auprès de moi et semblait m'entourer. Je ne me lassais pas de m'émerveiller de la souplesse et de la légèreté de son pas sur ce sol crevassé, à travers ces tombes, où je butais si lourdement. Pourquoi m'étonner ? Une ombre n'est-elle pas par essence infiniment subtile et légère ? Mais vraiment, par son aide, tout ce qui m'avait échappé me devenait intelligible.

Réalité et poésie, il me fallait tout abandonner. Nous retournions. La pointe du caïque heurtait la pierre du quai de Galata. L'ombre noire du grand pont était si dense que je n'apercevais même pas Moustapha me donnant le salut.

J'arrivais à la gare de Sirkedji. Une machine poussive accrochait l'interminable convoi de ravitaillement. Je grimpais dans un fourgon plein de soldats, couchés pêle-mêle genoux en l'air, bouches ouvertes, ronflant à plein gosier.

Que j'étais bien là, étendu au milieu d'eux et si parfaitement seul, tandis que filait autour de nous la campagne désolée par la guerre et où tout se taisait, tâchant d'étreindre encore cette vision fugitive ou bien plutôt cette réalité certaine que je n'avais su ni retenir, ni fixer !

AVEC LES VAINCUS

LA CAMPAGNE DE THRACE

(Octobre 1912-Mai 1913)

Constantinople indifférente à la guerre

18 octobre 1912.

Nous avons traversé le Bosphore, par un midi radieux. Villages, baraques peintes, vieux arbres, eau qui tourne avec la rive, m'ont paru charmants, tels que je les avais vus à de précédents voyages, mais, hors la glorieuse arrivée devant la ville, nature pour tableautins, sans plus. Est-ce une illusion ? Il me semble qu'il y traîne je ne sais quelle tristesse : peu d'agitation le long des rives, nul mouvement sur l'eau. Presque tous les bateaux ont été réquisitionnés

pour le passage des troupes d'Asie, le pont de
Xerxès n'existant plus. Je croyais trouver une
Constantinople déserte ; mais nul changement ;
un peu moins de voitures, un peu moins de
trams et encore, ces derniers temps, me dit-on,
on les arrêtait tous et même les équipages de
maître. Il fallait montrer patte blanche, prouver
que les chevaux ne tombaient pas sous le coup
de la réquisition, et, si l'on n'avait pièces en
main, l'attelage était dételé en un clin d'œil, les
chevaux emmenés au grand galop et les voyageurs laissés libres d'aider le cocher à tirer la
voiture parmi les rires et les approbations de la
foule.

Donc un monde énorme dans les rues de Péra,
comme à l'habitude, monde cosmopolite qu'au
moins à la surface la guerre semble laisser complètement indifférent ; mêmes cinématographes,
mêmes cafés-concerts, mêmes troupes de théâtre
que l'an dernier ou, tout au moins, si semblables
qu'on les peut dire les mêmes ; aux divers réper-
toires rien de guerrier ; je vois sur les affiches :
Les Misérables, Magda, l'Enfant de l'amour. Il
y a dans cette foule des Grecs en dépit de la
guerre, des Italiens en dépit de l'expulsion, des
Monténégrins en dépit de leurs récentes victoires. Ces derniers sont, il est vrai, des

chaouchs, des kawas, des domestiques, mais enfin ils portent le costume militaire national. Ce monde coudoie les Turcs et souhaite dans le fond de l'âme leur extermination, sans que l'indifférence de ceux-ci en paraisse troublée. Si des bataillons passent, tous ces gens cachent mal un sourire de mépris : « Zoa, Zoa » (ce sont des bêtes), déclarait l'autre jour un Grec à côté d'un de mes amis qui le prit à la gorge et, le secouant, lui dit : « Veux-tu que je leur répète tes paroles ? » Le Grec s'enfuit sans demander son reste ! Mais enfin plus d'une moitié de l'empire déteste cordialement l'autre. Cosmopolis est une ville difficile à gouverner et surtout à passionner pour un même idéal ; et je ne sais s'il en reste un assez fort chez les Turcs pour contre-balancer la somme d'inimitiés qu'ils ont accumulées contre eux, chez eux.

On m'assure que les partis n'ont pas fait trêve, qu'entre musulmans on est aussi divisé qu'entre musulmans et chrétiens. On nous a tant ressassé les anciens Byzantins se disputant à la veille de la prise de leur ville ; eh bien ! voici, semble-t-il, que leurs vainqueurs en sont venus au même point. L'ancien comité Union et Progrès triomphe de la déclaration de la guerre par la Grèce, car les gens au pouvoir (Entente libérale) dont les électeurs, en grand nombre, étaient des Grecs, avaient hautement affirmé qu'ils sépareraient la Grèce de la coalition balkanique. Aussi leurs journaux ne font-ils même pas mention de cette déclaration de guerre, la considérant comme non avenue, puisqu'ils ne l'avaient pas prévue et avaient même prévu le contraire.

Mais il y a l'armée ! On dit qu'une partie du corps des officiers est excellente, digne de n'importe quel pays d'Europe, et les vieux généraux, pour n'avoir pas la même instruction à la moderne, n'en passent pas moins pour d'excellents, de vrais soldats et quelques-uns pour des « chefs » dans toute l'acception du terme.

La concentration se fait lentement ; cependant, depuis quinze jours, plus de 10.000 hommes venant d'Asie partent chaque jour dans la direction d'Andrinople.

Je viens de voir passer deux bataillons de réservistes allant de la rive de Galata à la gare d'embarquement. Ils sont assez bien vêtus, fortement chaussés, portent sur le sac un bon manteau. On voit qu'ils soignent amoureusement leurs fusils dont ils entourent le magasin de leur mouchoir ou de quelque loque. Je les regarde défiler. Ils marchent lourdement, cadençant le pas à l'allemande, précédés par leurs musiques qui jouent un air lugubre (je me rappelle l'accent des sonneries françaises)! Pourtant quelques sons aigus de fifres réveillent un peu ces dormeurs. Ce sont de beaux hommes, robustes, de poids, mais d'une graisse énergique, non point molle, blonde et ballonnée à la façon germanique; les figures sont rustiques, dures, non pas têtues, ni mauvaises, ni féroces, mais comme immobiles. On me dit : ils obéissent à leurs officiers comme si le destin leur parlait; ils marchent au feu comme des aveugles, droit devant eux; et c'est bien le mot juste : ils ont l'air d'aveugles, ne regardant rien à droite ni à gauche. On ne les dirait pas fanatiques, mais ils doivent être assez aisément fanatisables, accessibles à une seule idée, très simple, à un seul sentiment, très fort, qui s'ancrent dans leurs têtes et qu'on n'en arrachera plus. Autour d'eux la foule bat des mains (c'est à Stamboul), mais assez mollement tout de même, pas un gosse qui emboîte le pas, pas un cri.

Que serait-ce en France à la veille d'une guerre avec l'Allemagne ? Voyez-vous cela : femmes, enfants acclamant, embrassant les soldats, ne faisant qu'un cœur avec eux. Une Française, mariée ici, me dit que, lorsqu'elle voit ces Turcs si apathiques, elle a envie de les pincer ou de les battre pour les dégeler.

A Sainte-Sophie, des soldats viennent par groupes; ces héros ont une odeur puissante. Au milieu d'eux l'un, plus lettré, parle, récite des versets sacrés, s'anime petit à petit, et soudain ses yeux s'illuminent. Un homme passe en longue robe, la tête ceinte du hogal syrien qui ressemble à une couronne de roi. Celui-là est d'une autre race, un Sémite, le teint vert comme une olive, les yeux longs à l'assyrienne, le nez busqué, les narines palpitantes, la barbe soyeuse. Il marche avec souplesse et en ondulant comme une femme. C'est l'aristocrate parmi les croquants. Au-dessus d'eux la coupole sublime, le dôme de la Sainte-Sagesse que les Turcs ont su tenir captive, mais n'ont pas entendue, s'étend immense comme l'arc du ciel sur le désert au soleil couchant, et des colombes y volent et semblent, à mesure qu'elles s'élèvent, n'en devoir jamais atteindre l'immatérielle paroi d'or.

Devant les journaux les curieux sont amassés, lisant de fausses nouvelles écrites sur un tableau noir et écarquillant les yeux devant une carte tracée à la craie. Mais on vend peu ou point de journaux; on ne les crie pas dans la rue; pas d'attroupements ou rares.

L'armée des cireurs de souliers est à sa place, près de la mosquée Validé, tous accroupis devant leurs merveilleuses boîtes de cuivre, ornées de pots de toutes couleurs, et surmontées d'une glace plus haute qu'eux. Le bazar a sa physionomie habituelle; des soldats se promènent deux par deux, se tenant par le petit doigt. Beaucoup sont assis sur les trottoirs attendant je ne sais quoi. Mon ami Youssouf Razi bey s'approche de l'un d'eux: « Et où sont vos musiques? n'en avez-vous pas? » — « Que si, fait-il, mais elles ne sont pas débarquées; il en faut pour faire danser les filles bulgares. » Et quelle danse sera-ce ! — « Où vous envoie-t-on, demande-t-il à un autre? » — « A Sofia, » répond-il simplement. Dans la cour du Séraskiérat on fait l'école de section et l'école de compagnie. Sous le porche une musique joue un air sauvage. Des officiers vont et viennent, des volontaires arrivent portant un brassard ou un manchon blancs couverts d'inscriptions. On m'assure que, sous l'apparence apathique de ces hommes, couvent une secrète flamme, un enthousiasme véritable; que cette guerre ils la désiraient avec passion; qu'ils ont juré de ne rentrer chez eux qu'après avoir exterminé les

Bulgares et que, s'ils apprenaient aujourd'hui que la guerre n'aura point lieu, ils se révolteraient et mettraient tout cul par-dessus tête dans Byzance et dans l'Empire.

Au ministère de la Guerre, on parle de nous embarquer mardi 22 octobre, dans la nuit, en compagnie des attachés militaires et de quelques officiers d'état-major, pour une destination inconnue. Les conditions faites aux correspondants de guerre sont ultra-draconiennes; le texte en est rédigé en pur dialecte turco-gallogermanique. Il faut espérer que de tels règlements s'adouciront à l'usage. Mais enfin, puisqu'on ne nous donne rien, absolument rien, et qu'il faut pourvoir à notre cavalerie, à notre domestique, à notre couvert, à notre vivre, force m'a été de me munir en hâte de tout cela. Le correspondant de guerre passant sans doute ici pour homme riche, tout ce qui peut le servir ou lui servir, hommes et choses, a pris une valeur phénoménale. Un domestique demande de 15 à 20 francs par jour, le reste à l'avenant. Point de chevaux; cependant, grâce à l'aide d'un vétérinaire, j'ai pu en découvrir deux qui étaient cachés sous terre. Je n'invente point : leur propriétaire, de peur de réquisition, les avait mis dans sa cave et emmurés.

Enfin voilà qui est fait ou à peu près ; papiers en règle, domestiques retenus, chevaux achetés, campement en ordre.

Je viens d'être présenté au généralissime Nazim pacha. C'est un gros homme à masse puissante, à face rudement dessinée et taillée, un beau portrait de général turc. Il m'a tendu la main sans un mot.

Je m'entretiens longuement avec M. Stéphane Lauzanne, rédacteur en chef du *Matin*, avec lequel j'ai voyagé de Paris jusqu'ici. En bon turcophile, mais qui pense tout d'abord à la France, je lui expose mon point de vue qui est celui de la sauvegarde des intérêts français si nombreux en ce pays, sauvegarde inséparable de la conservation de l'empire Turc. Il abonde en ce sens. Au reste, depuis l'arrivée, cette ville, les gens qui l'habitent, les événements qui s'y passent, semblent l'intéresser énormément. Il a trouvé de l'esprit à Gabriel Effendi Noradounghian et à je ne sais quel directeur politique aux Affaires étrangères, auprès duquel il s'excusait de le déranger et qui lui a répondu : « Je n'ai jamais eu moins d'occupations depuis le départ des représentants des quatre puissances les plus turbulentes du monde ; le reste n'est rien auprès, et la déclaration de guerre me fait des loisirs. »

Gabriel Effendi Noradounghian lui a dit : « Nos soldats une fois entrés en Bulgarie se conduiront avec les vaincus comme des hôtes dans une maison étrangère ; nous étonnerons le monde par notre modération et notre douceur. » « Les filles bulgares danseront aux accents de nos musiques », disait plus poétiquement encore le soldat précédemment rencontré. Il s'agit seulement de s'entendre sur le genre de danse et de musique.

M. Georges Gaulis, des *Débats,* qui revient de Sofia après mille peines, ayant dû faire un détour d'une semaine par des voies encombrées et dans des conditions impossibles, nous dit que là-bas les correspondants de guerre sont traités comme des princes. On en compte jusqu'à quatre-vingts. Si l'on nous lance les uns contre les autres, quelle boucherie ! Le Roi leur envoie trois fois par jour un de ses officiers d'ordonnance pour leur demander s'ils sont satisfaits. Naturellement ils ne le sont jamais. Alors on promet à tous et à chacun tout ce qu'ils veulent et même si leurs vœux sont contradictoires. On les nourrit d'une façon exquise. S'ils se plaignent de quoi que ce soit, on proteste qu'on se met à leurs ordres et à leur dévotion, assurant qu'en Bulgarie on est trop jeune, trop nouveau au jeu pour y connaître

quelque chose et que c'est à eux de dicter les
règles et de dire comment on s'y prend. A ce
récit je crevais de jalousie. J'ai su depuis que
l'Eldorado des correspondants de guerre se ren-
contrait moins encore à Sofia qu'à Constantinople.

J'ai dîné avec le général Baumann, chargé de
la réorganisation de la gendarmerie turque. Il a
passé de longues années en Macédoine et y est
devenu turcophile. Grecs, Serbes, Bulgares sont,
dit-il, d'épouvantables fanatiques. Si les Turcs
n'avaient été là, ils se seraient entre-dévorés et
on n'en eût pas seulement retrouvé les cheveux.
Avec cela d'un courage étonnant, comptant pour
rien leur vie. Il est inquiet de la tournure que
vont prendre les événements. La bravoure des
Turcs ne fait pas de doute à ses yeux, mais l'organisation est supérieure de l'autre côté; les
services de l'intendance, s'ils ne sont pas par-
faits, y existent. Tandis qu'ici rien et rien, ni
ravitaillements, ni hôpitaux. Il est vrai qu'on
peut, à la rigueur, se passer d'hôpitaux, les blessés ne servant plus à la guerre, mais on ne se
passe pas de manger, et ces gros Turcs, portant
chacun sur leur dos une cinquantaine de kilos,
ont besoin de nourriture. Pourtant qui sait ? les
officiers qui les avaient vus partir autrefois pour

la campagne de Grèce, les retrouvant sur le champ de bataille, ne les ont pas reconnus. Ils s'étaient débarrassés de leurs sacs, avaient enlevé leurs souliers, étaient redevenus des hommes libres, des rustiques à leur aise et bien à leur travail, et non plus des recrues engoncées dans des vareuses qui serrent aux entournures, les pieds brisés par des souliers dont ils n'ont pas l'habitude, raidies et l'air demi-empalées. Qu'importaient les vivres? Avec quelques poignées de farine ils subsistaient indéfiniment et seraient allés jusqu'à Athènes. Dans cette guerre-ci, défaits aux premières batailles, ils se cramponneront avec acharnement, tant le caractère turc est lent et tenace; et l'Asie peut fournir à peu près indéfiniment de cette excellente qualité de chair à canon.

Mais il y a aussi et surtout la question du commandement. Ici pénurie d'officiers; et des officiers qui se connaissent mal, et entre vieux et jeunes, ancienne et nouvelle école, s'estiment peu. Au contraire, chez les Bulgares, unité, cohésion parfaite; du dernier soldat au général en chef, le mouvement, l'effort, concorderont dans un même sens, sans une interruption de courant. Enfin les Bulgares semblent avoir plus de foi encore que les Turcs dans la victoire. Ceux que l'on a connus ici avant la guerre ont extraordinairement impressionné les Turcs qui les ont approchés, et une telle impression faite sur l'ennemi est un atout de plus dans leur jeu.

Je me garde de prédire ou de pronostiquer. Déjà, la dernière fois, au début de la guerre de Tripolitaine, on disait d'une seule voix et jusque chez les Turcs : « Tout est perdu ! » Et à voir ce pays-ci on pensait : voilà une nation divisée contre elle-même, livrée aux partis, désorganisée ; c'est la pétaudière faite peuple ; rien à espérer ; l'ennemi a la partie gagnée d'avance. Puis, sur le terrain, tout changeait de face. C'est que, me fait très justement observer le colonel Maucorps, attaché militaire français, ces gens si apathiques et qui ne savent rien prévoir, sont d'étonnants improvisateurs. Seulement ils ne s'y prennent pas la veille, ni le jour même, mais seulement le surlendemain ; et pour comble, s'ils ont par aventure organisé quelque chose d'avance, ils le transforment complètement le jour de la crise. Et c'est ce qui arrive aujourd'hui pour leur armée. Comment s'y reconnaître ?

Nous ne savons rien, absolument rien, des événements, mille fois moins, certainement, qu'à Paris. L'ignorance plus encore que la mauvaise foi transparaît dans les nouvelles que donnent les journaux : Rien sur la concentration, rien sur les premiers engagements qui ont dû avoir lieu aux confins serbes et bulgares ; on s'efforce de cacher ou de diminuer les défaites éprouvées à la frontière du Monténégro, mais en somme rien et rien : le néant même !

Longues années au Padischah !

22 octobre 1912 (veille de départ).

Invité à déjeuner chez le colonel Maucorps, je regarde le merveilleux spectacle qui s'étend sous mes yeux. Les fenêtres encadrent un tableau unique : la rive d'Asie du Bosphore en fait le fond, l'autre rive s'aperçoit si l'on se penche, et les deux surfaces d'un bleu immatériel du ciel et de l'eau semblent se mirer l'une dans l'autre. Toutes les voiles sont dehors, séchant au soleil d'automne ; elles se dorent, l'eau est molle, comme grasse et moirée dans le sillage des barques, les verdures commencent de se rouiller et tout ce paysage, qui est à la fois d'Orient et de chez nous, semble réunir les beautés des plus grands peintres, l'or de Giorgione, le détail des primitifs, et même la pâte de Titien. Quand, tout à coup, une embarcation légère file entre les grands vaisseaux chargés de

soldats et un cri immense monte : « Padischah
Tchok yascha ! » (longues années au Sultan).
Le cri profond gronde, retentit sur l'eau, va
d'un navire à l'autre, et de la rive d'Europe à la
rive d'Asie ; il meurt et renaît presque aussitôt ;
voix de toutes les provinces, de toutes les races,
de tous les peuples soumis au grand seigneur,
qui, au moment de donner leur vie et de vaincre
pour lui, l'acclament une dernière fois.

« N'est-ce pas émouvant, me dit le colonel
Maucorps ? Et aucune de ces voix ne ment, les
âmes de ces hommes parlent véridiquement par
leurs bouches, affirmant le pouvoir de leur
maître sur les deux continents. » Je les écoute,
ces voix, et je voudrais supputer exactement, au
plus juste, la qualité d'enthousiasme qu'elles
expriment et sa profondeur. Même après toutes
les inventions modernes, les valeurs morales
restent les premières dans une guerre. Celui qui
aurait entendu, en même temps que celles-ci,
les acclamations qui leur répondent de l'autre
côté de la frontière, saluant le passage du tzar
des Bulgares, et aurait calculé la puissance de
la foi dont elles sont l'expression, ne ferait pas,
sans doute, sur le dénouement de la guerre, de
trop injustes pronostics.

———————

Le départ pour Kirk=Kilissé

—

23 octobre.

Nous partons dans une heure. Est-ce le moment de faire des prophéties? De l'ensemble d'impressions recueillies ces jours-ci il me semble cependant qu'on puisse dire ceci : du côté turc, impréparation, imprévoyance, manque d'organisation; de l'autre, longue préméditation et certitude de la victoire. Dans ce grand choc, les forces seront à peu près égales en nombre, mais, pour la qualité, la balance penche du côté bulgare, non pas qualité de courage, mais mise en valeur de ce courage. Il faut admettre que les armées serbes, monténégrines et grecques suffiront à occuper les armées turques qui opèrent en Macédoine, et alors, dans l'affaire décisive, qui aura lieu du côté d'Andrinople, la raison dit que les Bulgares devraient être vainqueurs. Mais il y a tant d'inconnues et d'impondérables dans un tel problème !

Les troupes continuent d'affluer à Constantinople. On commence à voir d'étranges figures d'Asiatiques, habillés comme des femmes, aux yeux lointains, étranges et pervers. Jusqu'ici ces grands troupeaux sont demeurés pacifiques et n'ont commis ni dévastation ni pillage. Mais on dit que déjà ils traînent avec eux les épidémies, le choléra et cent autres douceurs. Que sera-ce si la guerre se prolonge ou si survient la débandade ? Allah Karim ! Dieu est généreux et plus grand que tout !

Redjaï bey, de la maison impériale, arrive en automobile et m'apporte de la part du Sultan une magnifique montre à sonnerie avec ses initiales en brillants.

Un ami turc vient me serrer la main ; il est sombre et, dans un mouvement de colère, me dit : « Ah ! si vient le jour de la guerre sainte, je serai un de ses soldats. L'Europe nous en a-t-elle assez donné à croire avec l'humanité et la civilisation ! Ils ne sont pas encore beaucoup à voir clair ; tout le monde ne vous parle ici que de progrès, fraternité, humanitarisme, en langage de loge maçonnique. Mais qui sait si cette guerre ne va pas leur écarquiller les yeux ? Pour retremper d'acier la vieille Turquie il ne faudrait dans l'âme des chefs qu'un peu de la foi des soldats. »

Il pleut à torrents et le ciel ressemble à la boue noire des rues de Péra; des soldats défilent, ruisselants d'eau, des cavaliers couverts de boue. Les chevaux de fiacre qui nous mènent à la gare, rosses efflanquées, dont le service de l'armée, qui prend tout cependant, n'a point voulu, refusent d'aller plus avant; il faut décharger les bagages, descendre de voiture, les pousser, les tirer, les faire glisser de force, jusqu'à ce que soudain ils se décident à reprendre le trot; alors on saute rapidement dans la voiture, on empoigne les bagages au vol, car, qui sait, après un nouvel arrêt, si court fût-il, si on les déciderait à marcher de nouveau? Cependant, ils galopent maintenant comme des enragés à travers les fondrières de Stamboul, parmi la cohue bariolée, sans avoir plus l'air de se soucier de rien. J'ai vu bien souvent ainsi que les idées et les impressions passaient aussi rapidement chez les chevaux que chez les femmes ou les enfants; ce sont des mécaniques plus rapides que la nôtre, et à transformations brusques. Autour de nous l'admirable paysage de pierre, d'arbres, d'eau, de barques, a péri dans une sale buée noire qui imbibe, qui pénètre jusqu'aux plus joyeuses couleurs.

*
* *

Gare de Sirkedji (Stamboul), 2 heures après midi.

Où partons-nous ? à Kirk-Kilissé, assure-t-on, où commandent Aziz pacha, Torgout pacha et Mahmoud Mouktar pacha, tous trois sous les ordres d'Abdullah pacha, général en chef de l'armée de Thrace. J'ai pour Mahmoud Mouktar une lettre de recommandation de sa femme, princesse égyptienne qui est, en ce moment, l'une des plus ardentes organisatrices des hôpitaux du Croissant Rouge, et sans doute je serais à souhait en compagnie de celui-ci pour voir les choses de près, car il passe pour le plus audacieux des généraux turcs.

Devant le train, une musique joue l'hymne impérial. Des soldats, des Lazes de Trébizonde font une danse aux sons aigus des fifres ; ils tournent, s'entremêlent, remuent les jambes, le ventre et les épaules, font claquer leurs doigts comme des danseuses espagnoles, ressemblent surtout à de gros ours compassés, bien dressés à s'ébattre en mouvements réguliers. Ni la grosse vareuse, ni les lourdes guêtres, ni ces corps pesants ne s'accommodent à un art qui veut du mouvement, de la passion, de l'agilité, au moins un certain frémissement. Je l'ai vu faire, cette même danse, par les hamals (portefaix) de la marine, plus pesants que ceux-ci encore, et on eût dit les paysans du vieux Breughel, costumés « alla turca », écrabouillant le sol de leurs pieds, du poids de leurs derrières et de leurs ventres, engoncés, raides, mécaniques, pareils à des jouets de deux cents kilos. Et une autre fois, je me rappelle un matelot, sur un vaisseau d'émigrants, la dansant à l'avant du bateau, le soir, se détachant comme une grosse marionnette sur le ciel, et qui y mettait une fureur endiablée. Il y avait là un public enchanté, de quelques centaines de personnes, bonnes femmes, fillettes en grand nombre, petites élèves des bonnes sœurs de Beyrouth et de Jaffa, cousues de médailles, un rosaire à la main, qui regardaient ce karaghcuz monstrueusement obscène avec tout le naturel possible, et point choquées : c'était une danse du pays et voilà tout, mais exécutée par un grand artiste et plein de verve.

On nous installe à six par compartiment de seconde. La nuit tombe, pas de lampe, ou plutôt elle n'éclaire pas, mais on nous fournit des chandelles. Nous traversons la ville, accompagnés par des hourrahs ; les maisons s'illuminent de feux de Bengale. Un instant nous longeons la Marmara, que nous devinons à peine sous l'épaisse nappe de pluie ; puis des campements, des tentes à perte de vue, et des soldats, le long de la ligne, échangent des saluts avec ceux qui nous accompagnent. Nous allons lentement, avec de fréquents arrêts, croisant des trains chargés de soldats : malades, blessés ; on dit que dans l'un se trouvent deux cents prisonniers Bulgares? La pluie ruisselle toujours. Il ne fait pas froid, mais extrêmement humide ; en essuyant de sa manche la buée de la portière, on aperçoit vaguement, de chaque côté du wagon, une grande plaine avec des ondulations hautes d'une trentaine de mètres, sans arbres.

Chacun se rencogne comme il peut dans son coin pour tâcher de dormir, et vers 6ʰ 3o, par un petit jour triste, nous nous arrêtons à la station de Seidler, à cent cinquante kilomètres environ de Constantinople. Il pleut toujours ; la plaine est transformée en une sorte de marécage. On nous dit que nous resterons là quelques heures, devant attendre le passage de plusieurs trains.

A côté de la gare, j'avise une maison sordide avec quelques bancs et tables, un bacal, épicerie, buffet, cabaret ; il n'y a personne ; pourtant je découvre à la fin, dans une écurie, le seigneur de ce lieu, un Grec à silhouette falote, glabre, avec des yeux inquiets qui ont l'air de chercher un mensonge à dire ou à répondre. Il n'a rien, assure-t-il, il prétend qu'on lui a tout cassé et tout pris. Cependant, devant la bonne mine de notre argent, il finit par se décider à sortir sa cafetière et à nous confectionner un jus de la couleur de ses cheveux, puis, prenant confiance, il consent encore à nous céder des œufs à 25 centimes la pièce, et des poules à 5 francs l'une. Je confie au capitaine Izzet bey qu'en temps de guerre, on pourrait bien contraindre ces Grecs à ne pas voler avec une telle impudence, puisqu'ils en ont tout le loisir et la facilité en temps de paix. Il me répond, haussant les épaules : « Que voulez-vous ? si nous intervenions, on lirait peut-être dans quelques jours, en Europe, que les officiers turcs sont entrés, sabre au clair, chez un malheureux commerçant, l'ont contraint à livrer sa marchandise pour rien, ont violé sa femme, frappé les enfants, etc., etc. Ainsi écrit-on depuis toujours l'histoire des choses de Turquie ! »

Depuis une heure, nous attendons, lorsque arrive, venant de la direction d'Andrinople, un

long convoi de wagons de marchandises et de
voyageurs, la plupart habitants des pays où se
passe la guerre et qui se réfugient à Constantinople. Le bruit s'est répandu que les Bulgares
mettaient le feu aux villages musulmans, massa-
craient les hommes, violaient les femmes, et, vrai
ou faux, les villageois aiment mieux fuir que
d'en attendre la confirmation.

Des collines qui nous font face du côté du
nord, commencent à descendre de longs convois
de ces fuyards. Ils pataugent dans la boue profonde, enfoncent dans les fondrières. Des buffles,
des gamouses traînent les petits chars recouverts
d'une mauvaise bâche sous laquelle s'abritent
deux ou trois familles ; les femmes pleurent, les
gosses hurlent ; quelquefois tout verse dans la
marmelade. Des chiens immobiles assistent à ce
défilé, comme s'ils attendaient des cadavres à
dévorer, la queue entre les jambes, l'échine sail-
lante, la langue rouge et humide hors de la
gueule. Il y a des femmes drapées de noir, semblables à des fellahines égyptiennes, relevant
leurs robes jusqu'à la fourche et qui enfoncent
dans la boue jusqu'au-dessus du genou ; elles
portent un gosse sur l'épaule, un autre sur les
reins, enveloppés d'une couverture piquée à
nuances tendres, à petites fleurs et, s'ils dégrin-

golent, les remontent de ce même mouvement que font les soldats pour regrimper leur sac. Les hommes poussent à la roue, piquent l'attelage, conduisent les troupeaux. Avec la famille, pêle-mêle viennent le bagage, le mobilier, toutes les choses familières, loques, meubles primitifs et en débris qui décoraient, si l'on peut dire, la misérable habitation de quelque village de la campagne d'Andrinople. Et tous ces gens retournent vers l'Asie, d'où ils sont venus, derrière le même chariot ancestral et qui n'a pas changé depuis cinq siècles.

Le train qui vient de nous croiser a déraillé, à peine la gare de Seidler passée ; quatre wagons sont sur le flanc, les rails tordus et les traverses brisées. Juste à ce moment, le commandant Wasfi bey, qui est chargé des correspondants de guerre, nous avertit que nous allons retourner sur nos pas pour nous établir à Tchorlou, à quarante kilomètres en arrière de Seidler. Le général en chef de l'armée de Thrace s'y trouve déjà et, d'après ce que nous explique le commandant Wasfi bey, pour les raisons suivantes : tandis que l'avant-garde turque établie sur la ligne d'Andrinople—Kirk-Kilissé continue de s'y défendre sur ses positions, la véritable concentration des armées ottomanes se ferait entre Bunar-Hissar et Lulé-

Bourgas. La ligne comprise entre ces deux points en représenterait le front, tandis que l'état-major se tiendrait à Tchorlou.

2 heures après midi. — L'exode des émigrants continue, charrettes après charrettes, interminablement, sur la terre inondée et sous le ciel livide, jusqu'à l'horizon, par tous les chemins que la pluie n'a pas rendus absolument impraticables, long serpent dont on ne voit ni la tête ni la queue, rampant d'un bout à l'autre des lentes lignes ondulées de ce paysage sans commencement ni fin.

Puis de petits groupes de soldats arrivent, piétons ou cavaliers, hâves, décharnés, fiévreux, l'allure inquiète. Ils s'arrêtent exténués, et à leurs regards, au mouvement de leurs bouches on voit qu'ils communiquent de mauvaises nouvelles : fuyards à coup sûr, mais de quel champ de bataille ; on ne nous dit rien, et si loin qu'on écoute on n'entend pas le grondement d'un seul coup de canon.

Soudain, vers 4 heures, un train débouche, venant de la direction d'Andrinople, suivi d'un autre, puis d'un autre. Je cours à leur rencontre : des soldats sont entassés dans les wagons, amoncelés sur les toits, agrippés sur la machine et jusque sur la cheminée ; à peine la locomotive a-t-elle stoppé qu'ils se jettent hors du train et se précipitent sur le nôtre dans l'espoir qu'il va partir de suite. Au milieu d'eux des paysans, des femmes affolées, des enfants qui sanglotent ; la panique, la terreur sont peintes sur leurs visages ; leurs bouches s'ouvrent pour un cri qui ne veut point sortir. Le flot passe sur moi et m'emporte ainsi qu'un cinématographiste anglais qui est bousculé et menacé.

Pourquoi ? Évidemment il y avait eu bataille, défaite du côté de Kirk-Kilissé, mais les Bulgares étaient loin ; rien à craindre d'ici plusieurs jours peut-être. On n'entendait pas même le canon. Ainsi le souffle de la petite mort se répandait sur une foule désorganisée et qui voyait des fantômes. Pour elle les Bulgares, massacreurs de musulmans, étaient là ; elle les apercevait tout près, arrivant au galop, le sabre en l'air ; elle en entendait le pas derrière son dos et ses talons, en sentait le souffle sur sa nuque. Et le chef de gare, pâle, tremblant, pouvant à peine parler, disait à Wasfi bey : « Vous ne songez qu'à emmener d'ici vos étrangers et à me laisser seul avec ces soldats sans chef et ces paysans affolés ; et d'ici dix minutes les Bulgares seront là ! » Nous partîmes à la nuit, cramponnés aux por-

tières de nos wagons où les soldats voulaient
entrer de force, traînant avec nous un immense
convoi de fugitifs. Où nous conduisait-on ? Dès
le premier jour la partie était-elle déjà perdue
et perdue définitivement ? Retournions-nous à
Constantinople ?

Les correspondants de guerre au camp de Tchorlou

---

25 octobre.

Nous débarquons à Tchorlou au petit matin parmi la cohue des fugitifs et tirons à grand'-peine des wagons nos chevaux à demi morts de froid, nos tentes et nos bagages.

Quelques heures après, nos tentes se dressent dans le pli d'une vallée, large de deux kilomètres environ, entourée de collines dont la plus haute n'a pas plus de soixante mètres, et où les soldats s'accumulent autour de nous.

Un pâturage rare et menu, de grandes et lentes ondulations, pas de villages, celui de Tchorlou se cachant derrière un pli de la colline ; une route serpente, franchissant celle-ci, sans cesse parcouruc par des régiments, résonnant du passage des caissons d'artillerie et du trot des chevaux.

Nous sommes à peu près prisonniers. On ne nous dit rien, on ne nous laisse rien voir. La situation d'un officier chargé de trente-cinq journalistes, comme est le commandant Wasfi bey, obligé de répondre à toutes leurs questions, objections, réclamations, est, il faut l'avouer, difficile. Les intérêts de ces journalistes sont, le plus souvent, opposés les uns aux autres et toujours différents des siens propres ; l'un veut faire de la stratégie, l'autre raconter des scènes colorées et pittoresques qui peuvent choquer l'amour-propre national, celui-ci envoyer des photographies, ou des films cinématographiques de spectacles, de scènes qui ne doivent pas être vus ; beaucoup se jalousent, chacun a une volonté, une intention, un désir particulier, et, aux difficultés qui séparent les individus, s'ajoutent celles qui séparent les peuples et les races. Il y a ici des Ottomans, des Français, des Anglais, des Allemands, des Hongrois, des Américains, des Russes. Quelques-uns dont la patrie est unie par d'antiques liens de religion et de sang aux peuples balkaniques, en dépit de leur évidente honnêteté personnelle et professionnelle, pourraient, à leur insu, fournir dans leurs communiqués à leurs journaux de précieuses indications à l'ennemi. On se rappelle ce qui est arrivé en

France durant la guerre de 1870 : l'État-major
allemand averti de la marche de Mac-Mahon
vers Sedan par une dépêche envoyée à un grand
quotidien et publiée par celui-ci. Et cependant, il
faut une commune mesure pour tous ; amis et
adversaires possibles doivent être traités de
même, sous peine de soulever des protestations
générales ; et, naturellement, cette commune loi
s'établit à la mesure de la plus grande défiance.
C'est nécessaire, mais très fâcheux ! Le commandant Wasfi bey, obligé de lire et de censurer en
moyenne trente-cinq télégrammes et lettres chaque jour, nous recommande d'être brefs, dis-
crets, incolores, autant qu'il soit possible. Nous
sommes probablement les gens les moins informés de la guerre qui soient au monde. Que se
passe-t-il à Kirk-Kilissé, que se passe-t-il en
Thessalie, au Monténégro, en Serbie ? Nous n'en
savons absolument rien. Nous formons là une
sorte de collège turbulent, un pénitentiaire pour
journalistes indisciplinés, parqués dans un camp
entre deux collines, n'ayant pas le droit d'en
sortir, découvrant un horizon de deux kilomètres peuplé de tentes, et ayant, pour toute occu-
pation, d'essayer de faire de mauvaise copie,
peut-être heureusement impubliable, de discuter
politique turque, d'adresser des objurgations au

commandant qui n'en peut mais, et de nous disputer avec nos boys et drogmans.

Ceux-ci composent la plus épouvantable clique de Grecs, d'Arméniens, de Juifs, enfin de Levantins de tout poil, sujets de toutes les nationalités et les rongeant toutes, lâches, voleurs, insolents, orduriers, menteurs, répandant les fausses nouvelles, haïssant leurs maîtres, exécrant le pays où ils vivent et d'où ils tirent leur nourriture, souhaitant sa défaite et son anéantissement, enfin gens ignobles qui me font regretter mes Cyrénéens pouilleux et mes sacripants de nègres du Fezzan et de Mourzouk. Voilà la race qui dévore la Turquie et qui en sera peut-être maîtresse un jour, si, d'après ce que l'on voit chez nous-mêmes, elle ne devient maîtresse du monde. Mon drogman, un certain Maurice Grünberg, juif converti au protestantisme évangélique, sujet autrichien, a, me dit-il, un frère à Paris, homme important, célèbre dans les milieux mondains; lui-même doit prochainement le rejoindre. Il a tout ce qu'il faut pour réussir, neuf langues, de la platitude, de l'onction, du bien dire et le don de l'adaptation. Je le reverrai en carrosse rue de la Paix. Que Dieu sauve les Turcs!

Il fait un froid de canard. J'ai peine à tenir ma

plume, bien que j'aie fait acheter un réchaud au charbon de bois qui flambe sous ma tente. Dehors il souffle une terrible bise du nord. On parle de nous emmener à Tcherkeskeuï, une vingtaine de kilomètres en arrière de Tchorlou, où se trouve le généralissime Nazim pacha, ou sinon, dans le village même de Tchorlou, car, couchant en plein air, par ce temps, nos chevaux vont crever sans faute, et disparaissent volés par les rôdeurs. Un certain nombre de correspondants ne sont pas plus à l'abri que leurs chevaux. Certains n'ont pas de tente, ayant compté sur les Turcs pour les loger et les ravitailler ; l'un possède pour tout campement un lit cage ; les officiers qui nous sont attachés sont entassés cinq sous une petite tente qu'ils ne peuvent fermer.

« Mademoiselle Fifi »

27 octobre.

Je ne sais rien, je ne vois rien, sinon, de temps à autre, le long de la route Tchorlou—Dimotika, des soldats qui défilent, las de la marche, de la trop longue étape, le bout du nez et les doigts glacés, mal encadrés par de trop rares officiers, précédés d'une musique inharmonieuse, et qui s'arrêtent ici, dressent leur camp et ajoutent des tentes à des tentes par centaines et milliers.

Ces soldats d'Asie, non mêlés de Bulgares, de Grecs, de Juifs, sont l'âme, la force vive de la nation. Mais ont-ils une idée très vive de la patrie? On prétend que non. La patrie, pour eux, c'est quelque chose qui rappelle un peu ce que nous pouvions entendre par le mot chrétienté, au temps où ce mot servait de lien à tout l'Occident, c'est la religion commune, l'amour du

Sultan, du Padischah. Mais de tels sentiments, assure-t-on, se sont beaucoup affaiblis durant ces dernières années.

Un officier turc, le capitaine Izzet bey, petit, trapu, râblé, musclé, avec des yeux noirs comme un charbon brillant, un gros nez percé comme une écumoire et qu'il gratte sans cesse, beaucoup de bonhomie, de feu, d'entrain, d'esprit, me conte une histoire qui me semble presque valoir l'admirable « Mademoiselle Fifi ».

« Ah, me dit-il, vous autres Français, votre pays ne périra jamais, parce que vous avez la passion de la Patrie. Un jour, je me trouvais en bombe avec un camarade allemand accompagné d'une fille de rencontre. C'était au moment des affaires de Casablanca, lorsque, à l'étranger comme en France, on attendait la guerre à chaque minute : « Nous sommes prêts, tellement prêts, « me dit l'Allemand, que la France sera écra- « sée, écrabouillée plus qu'en 1870, abaissée à « jamais. » Par hasard, je jetai un regard sur la fille. Elle s'était mise à pâlir, puis à verdir et soudain, empoignant une bouteille de cham- pagne par le goulot, elle hurla : « Je suis Fran- « çaise, j'ai tout vendu ! » et crûment, elle fit l'énumération, « mais je ne vendrai pas mon « pays ; tiens cochon ! » Et elle cassa la boutcille sur la tête de l'Allemand. Il passa comme un éclair dans les yeux d'Izzet bey : « Eh bien, mon cher Rémond, je me suis précipité aux genoux de cette femme et je lui ai dit : « Allons ! ôte tes souliers, que je t'embrasse les pieds ! »

En villégiature à Tchorlou

Littéralement nous mourions de froid dans la plaine et sous nos tentes ; l'exode a donc été décidé vers la petite ville de Tchorlou, sise à deux kilomètres de la gare, sur la colline. Il fallut mobiliser tout ce qu'il y avait dans le pays de charrettes, de vieilles berlines, de chariots à bœufs pour le transport de nos bagages, et nous voilà, cherchant une place sur la route, avant de la chercher dans le bourg, à travers le défilé ininterrompu des soldats d'infanterie, de cavalerie, d'artillerie, à travers les fourgons de ravitaillement, les équipages du génie. Dans la ville, même grouillement, soldats assiégeant les fours des boulangers, gardés par des sentinelles baïonnette au canon, réguliers et irréguliers, campements de tous côtés, tentes qui s'élèvent ou s'abattent, et parmi ce fouillis et cet encombrement, une petite ville turque à maisons de bois, peintes, minuscules, pareilles à des jouets, avec ses arbres, ses kawadjis classiques, ses bons-hommes à fez, à turbans, à grandes barbes, tout cela reprenant, dans le moment actuel, au milieu de cette foule guerrière, comme une originalité et une fraîcheur nouvelles. Nous courons à la recherche d'une maison; tout est assailli; vingt Anglais s'empilent dans une espèce d'hôtel dont ils jettent dehors à grand fracas les matelas à poux et à puces pour y installer leurs lits de camp. Nous trouvons dans un endroit un peu plus écarté une grande maison, avec écurie au rez-de-chaussée, une grande pièce au premier, sorte de galerie, sur laquelle donnent les chambres plus petites, ainsi qu'on voit dans les maisons vénitiennes; les murs sont peints en bleu tendre, il y a des oléographies suspendues et présentées dans des cadres dorés : Napoléon III, Victoria, le patriarche œcuménique Joachim constellé de décorations, quelques cartes postales galantes, et le portrait de la maîtresse de la maison sous les yeux duquel je dors, et qui porte au cou une broche sur laquelle est écrit le nom de celle-ci : Calliope.

Quand partirons-nous pour le front? Que se passe-t-il devant nous? Se bat-on? Silence absolu. Nous posons quelques centaines de fois par jour la question aux officiers qui sont chargés de nous.

Point de réponse. On nous avait promis de nous faire suivre l'État-major général ; mais il paraîtrait qu'il est parti aujourd'hui pour le front et nous demeurons là à nous morfondre. C'est un magnifique concert de récriminations parmi le peuple des journalistes. La nervosité est à son comble et l'éclat tout proche.

*
* *

29 octobre, matin.

Je viens d'aller me promener en avant du village ; on entend distinctement une violente canonnade, le vent porte et le son peut venir de très loin. La direction est celle de Lulé-Bourgas. Dans la plaine, des troupes passent, se dirigeant vers le nord : régiments, service de l'intendance, charrettes avec le drapeau du Croissant Rouge, et dans le sens opposé continue l'exode des paysans poussant leurs troupeaux, traînant leur misérable bagage, autour duquel se pressent les femmes apeurées, qui, tandis que la cohue se fait plus épaisse et plus tumultueuse, se cramponnent les unes aux autres par leurs robes de peur d'être séparées.

29 octobre, soir.

La canonnade continue; la nuit tombe et on l'entend encore. Le village a été vidé, par ordre militaire, de tous les soldats qui y erraient, et ils ont été renfermés dans la caserne voisine; des sentinelles gardent les boutiques d'approvisionnements; défense de sortir ! Le commandant Wasfi bey nous fait avertir que nous partirons le lendemain au matin portant sur nos chevaux des vivres pour trois jours; nous allons enfin voir de nos yeux la bataille.

———

Sur les chemins de la défaite

La déroute de Lulé-Bourgas

3o octobre.

Dès le matin, nous sommes prêts. Mais comment nos rossès de chevaux feront-elles pour porter et nos personnes et l'orge et les vivres et le minimum de campement nécessaires pour trois jours? Au dernier moment, on nous dit d'emmener nos charrettes. J'en ai acheté une hier; j'y fais atteler l'un de mes chevaux, je charge ma tente et les bagages principaux, un de mes domestiques la conduira ainsi qu'un soldat que me donne le commandant. De nouvelles, aucune.

Nous partons vers 9 heures; le village est plein de soldats, de paysans vendant tranquillement leurs moutons, leurs légumes, de braves gens attablés aux petits cafés et fumant le narghileh. La foule se presse aux portes des boulangeries. Il fait un beau soleil; les petites maisons turques brillent de toutes leurs couleurs, les vignes suspendues, passant d'une maison à l'autre, par-dessus la rue, ont de beaux tons d'automne. On parlemente un instant à la sortie du village, les sentinelles, en dépit de nos officiers, hésitant à nous laisser poursuivre. Puis nous prenons la route, dépassant les convois, dépassant les troupes, quittant la chaussée pour trouver dans la plaine, que le soleil a quelque peu desséchée, une voie plus libre, moins encombrée. Nous traversons la station de Tchorlou, nous faufilant entre les nombreux trains qui arrivent du front de bataille ou s'y rendent; et la campagne s'étend vaste, nue, inondée de soleil, avec un pauvre pâturage de fin d'octobre, sans un arbre, formant de grandes ondulations lentes, et terminée au loin par de longues silhouettes de montagnes d'un bleu glacé. Le canon tonne sans arrêt; quelquefois une voix plus forte traverse ce perpétuel, ce monotone grondement ou roulement; il semble parfois changer de direction, suivre comme route ces ondulations lointaines qui se déroulent sous nos yeux et nous arriver selon le mouvement de leurs pentes, le couloir de leurs vallées. Le commandant Wasfi bey se penche vers moi et me dit : « Écoutez : les montagnes se racontent la brutalité de l'homme. »

Tout le long de la route les soldats exténués se sont couchés, dorment serrés les uns contre les autres, et de quel sommeil profond d'hommes recrus, épuisés, qui sont comme tombés là et qui cherchent dans le repos une nouvelle vie, les uns sur le ventre, les autres le nez au soleil, les babines retroussées, la bouche ouverte, ronflant, pionçant de toutes leurs forces. Nous passons des gués à côté de ponts en dos d'âne, à grandes arcades, sur lesquels les convois s'accumulent. Puis commence, sur des charrettes, à pied, qui sur un âne, qui sur un cheval, qui grimpé sur une vache, l'un traînant l'autre, le défilé des blessés, les uns la tête enveloppée de bandes sanglantes, les autres sans pansement, un grand nombre atteints à la main ou le bras brisé qu'ils soutiennent dans leur vareuse, ou laissant pendre un moignon au bout duquel dégouline le sang. Le long de la route des médecins, des infirmiers du Croissant Rouge, les recueillent, refont leurs bandages, et ils reprennent leur marche à petits pas, ménageant le peu qui leur reste de courage et de force pour se soutenir. Ainsi par milliers ! Des villages brûlent.

La voix du canon se rapproche ou plutôt, c'est nous qui approchons; mais il est près de 4 heures; nous sommes encore à une quinzaine de kilomètres du champ de bataille, il nous sera impossible d'arriver ce soir.

Nous avançons encore et, un dernier pont passé, nous nous arrêtons non loin du village de Karistiran. Nous voudrions poursuivre; la bataille n'est plus très loin maintenant et continue furieuse. Les Turcs ont-ils l'avantage? Il semble que le canon s'éloigne un peu; les soldats, les officiers qui passent, interrogés, disent : « Notre situation est très favorable; les Bulgares battent en retraite et vont être pris sur leurs derrières par les troupes de Mouktar pacha, qui, de Bunar-Hissar, a donné la main à la garnison d'Andrinople, laquelle a fait une sortie. Mais quoi de vrai, d'exact dans tout cela? Le général commandant l'armée de l'Est, Abdullah pacha, aurait avancé, dit-on, de Akceskeuï où se trouvait son quartier général jusqu'à Sakeskeuï. Mais cela n'est pas sûr; où le trouver? Nous courons après lui depuis le commencement de la guerre. « Notre campagne, me dit mon camarade Paul Genève, des *Débats,* pourrait s'intituler : A la recherche d'Abdullah pacha ! »

Devant nous, au delà de Karistiran, s'élève une

colline avec un cimetière musulman. Le soleil se couche derrière, inondant le ciel de sang. Au milieu des tombes, en ombres chinoises sur l'horizon, des figures démesurées s'y agitent, silhouettes que le crépuscule agrandit immensément et déforme, et qui semblent celles de géants venus assister à la bataille et qui mettent en branle ce furieux tonnerre de la canonnade, disproportionné à la mesure des formes ordinaires, qui roule sans arrêt à travers plaine et ciel.

Pas de bagages, nos charrettes sont perdues ou ont été arrêtées par le flot des blessés, ou sont dégringolées dans les fondrières, ou ont été pillées.

Dans Karistiran, on démolit les maisons pour faire du feu. Nos hommes, envoyés nous chercher du bois, reviennent avec deux portes et quelques caisses. La nuit est tombée, le canon se tait, après s'être éloigné ; est-ce une victoire ? Des blessés, des blessés encore, mais pas de fuyards. Il commence à faire froid et surtout extrêmement humide ; nous n'avons rien mangé à midi, et pour ce soir, ni pain, ni galettes, j'ai seulement quelques morceaux de chocolat conservés dans mes fontes ; tout est resté avec la charrette. Nous ramassons un peu de foin pour y dormir ; encore faut-il prendre tour à tour la garde, à cause des chevaux qui se détachent, rompent leurs cordes, s'enfuient, ou peuvent être d'un instant à l'autre enlevés par des rôdeurs. Wasfi bey, le commandant, n'a rien à manger, et pas même une couverture pour s'abriter ou s'étendre. Un tout petit chien du village, abandonné, perdu au milieu de ce tohu bohu et de cette confusion, est venu se réfugier dans ses bras. La nuit se passe. Nul cri ! je suis étonné du silence de cette foule ; c'est presque la caractéristique, le trait le plus frappant de cette grande scène nocturne : hors le roulement des charrettes sur le pont, pas une voix, pas un coup de fusil, pas une dispute ; on parle à voix basse. Il fait froid et une humidité glacée vous pénètre. On dort de temps en temps, parce qu'on est accablé de sommeil, mais il semble que ce sommeil soit comme une sorte de mauvaise maladie, de fièvre qui vous épuise un peu plus.

*
* *

3 octobre.

Le jour pointe, beau, un peu embrumé. Décidément, ma charrette est perdue. Elle était conduite par un vieux Turc, brave homme, mais stupide, et par un Grec capable de tout; à eux deux et leurs qualités se complétant, nul doute que tout soit volé, disparu pour jamais.

Nous allons marcher vers le front, c'est-à-dire vers Akceskeuï; quand, tout à coup, un énorme flot d'hommes, de chevaux, de chars, de canons, pêle-mêle, débouche de Karistiran, grossissant sans cesse, couvrant la campagne, s'accumulant au passage du pont. Pas de doute cette fois, l'armée turque bat en retraite, rompue et en complet désordre. Des officiers passent, ils confèrent avec le commandant Wasfi bey, et celui-ci, nous réunissant, nous dit : « Messieurs, je n'ai aucune nouvelle de l'État-major; nous sommes sans vivres, nos chevaux très fatigués et n'ayant pas mangé; il faut revenir vers Tchorlou. »

Tandis que les gendarmes arrêtent à l'entrée du pont la cohue des voitures et cherchent à mettre quelque ordre dans la retraite, nous passons la rivière à gué.

Nous revoici sur la route parcourue la veille. D'un bout à l'autre de l'horizon elle est couverte comme d'une fourmilière humaine, et le mot n'est pas juste, car il y a dans une fourmilière de l'ordre, de l'activité, mais ceci est un troupeau misérable d'éclopés, de blessés, d'hommes épuisés de fatigue et de faim, dont toute l'énergie et

les forces vives se concentrent à tenter de mettre
encore une fois, encore une autre peut-être, un
pied devant l'autre. Un blessé, grimpé sur un
cheval, crie doucement à chaque pas, doucement
comme s'il ne pouvait dire plus haut sa souffrance. L'un s'arrête, demeure immobile, essayant de reprendre haleine, les mains sur les
cuisses, tâtant s'il lui reste assez de force encore
pour faire un pas de plus. D'autres se sont
couchés le long de la route ; quelques-uns
s'entr'aident, se soutiennent, et tous sont transis
de froid, mouillés, percés par l'humidité de la
nuit.

Le canon tonne de nouveau. Sauf cette voix,
grand silence ; quelques plaintes, des visages
tristes, sérieux, barrés par l'idée fixe ; des gens
qui cheminent ; pas de fuyards, ils sont trop las,
pas de panique comme à Kirk-Kilissé, nuls regards de haine pour nous autres, une sorte
d'abattement, d'indifférence profonde à tout.

Des officiers blessés qui se sont fait panser
retournent au front. L'un a la figure mutilée et
tout enveloppée d'un bandage qui ne laisse voir
que les yeux.

Tout à coup un régiment de cavalerie et deux
bataillons d'infanterie barrent la route et la
campagne avoisinante à quelques kilomètres.

Ordre est donné à tous, sauf aux blessés, de retourner vers le front ; et qui passe outre est sabré. Je vois alors un spectacle tragique ; ces malheureux, épuisés, qui ont tant peiné pour venir jusqu'ici, hésitent ; une angoisse indicible se lit dans leurs yeux et crispe leurs traits. Les uns se couchent, ou plutôt tombent là, les autres font demi-tour sans protester, reprennent leur même pas d'homme qui va succomber tout à l'heure, ignorant ce qu'ils font, n'accommodant plus leur pensée à leurs actes, pareils à des automates, et s'en retournent vers le combat.

———

La retraite de l'armée turque sur Tchataldja

—

31 octobre.

A Tchorlou, nous trouvons les attachés militaires arrivés aujourd'hui même de Constantinople.

*
**

1ᵉʳ novembre.

Voilà ce que nous avons vu ; mais quel est le détail de ce qui s'est passé durant ces trois jours de bataille 29, 30, 31 novembre ? Hors la certitude de la défaite turque et la retraite à laquelle nous avons assisté, nous ne savons rien et ne pouvons obtenir aucun détail.

Nous séjournons à Tchorlou où nous avons

retrouvé notre ancienne demeure chez Calliope. Il commence à pleuvoir. Beaucoup d'habitants chrétiens se sont enfuis. On a pillé quelques boutiques, mais, en somme, pas grand dommage. Des soldats passent sans cesse, traînards, rôdeurs, gens qui n'ont pas mangé et demandent du pain. Calliope, elle, n'a pas déménagé, mais a seulement retiré des chambres les objets les plus précieux! glaces, photographies, cartes postales et le portrait du métropolite œcuménique Joachim. Elle est partagée entre la peur que lui causent Turcs et Bulgares, autant les uns que les autres, peur qui la pousse à fuir et à tout planter là, et le désir de nous soustraire encore quelques piastres qui l'induit à demeurer. Elle vient se rassurer dans notre compagnie, et sa conversation, hors de longues histoires dans un grec que j'entends peu, est faite surtout des mots « Turchi, Bulgari », qu'elle accompagne d'un geste significatif de sa main sur son cou, indiquant qu'ils le lui couperont sans nul doute, et de « gourchs, gourchs », cette dernière parole qui veut dire piastres, suivie de chiffres qui croissent sans cesse. Il s'agit là du prix de son hospitalité. La crainte de la bataille, du bombardement, du massacre ne l'empêche pas d'estimer notre séjour favorable à son enrichissement, voire à faire réparer sa maison, en particulier à reposer des vitres aux fenêtres. Voici précisément que le compère vitrier vient de les apporter, ces belles vitres, neuves, montées d'avance, comme on fait ici, sans mastic, à même de grands châssis de bois, et nous en réclame le prix. Refus, protestations ; nous affirmons que c'est à Calliope de payer. Elle s'en indigne : si elle a fait remettre des vitres, c'est pour nous préserver des courants d'air, assure-t-elle. Mais nous ne nous laissons point émouvoir. Et le vitrier déménage ses châssis l'un après l'autre sous les yeux de Calliope indignée contre nous, contre lui, l'œil plus noir que jamais et consternée.

Il y a là aussi un photographe grec, homme d'une courtoisie infinie, atteint de tics nerveux et d'hystérie, qui dit qu'il ne bougera point, s'accommodera des Turcs, des Bulgares, du diable même. Il veut faire notre photographie et la conserver comme souvenir. C'est un homme intéressant et qui a eu certainement de grandes peines de cœur, car je vois dans sa chambre, pour tout ornement, un petit pot ridicule contenant des fleurs soigneusement entretenues au-dessous d'une photographie de femme.

Il pleut à torrents. J'envoie mes bagages à Tcherkeskeuï où je me rendrai moi-même à cheval et tâcherai de gagner Saraï puis Viza, où Mahmoud Mouktar pacha résiste victorieuse- ment, dit-on. Je n'emporterai avec moi que les choses indispensables dont quelques vivres. La besogne d'un correspondant de guerre consiste surtout à faire des préparatifs et des bagages, à les défaire, à les refaire encore; et gare, s'il s'en remet à ses domestiques !

* **

2 novembre.

Il a plu toute la nuit; cela continue, les rues de Tchorlou sont transformées en cataractes. Partira-t-on, ne partira-t-on pas ? Avec le lieu- tenant Kemal bey, le prince Hilmi, et Cuinet, correspondant du *Matin*, nous décidons de ga- gner, coûte que coûte, Tcherkeskeuï et, de là, Saraï et Viza. Deux soldats nous accompagnent, l'un traînant un cheval avec quelques bagages. Je n'ai jamais vu semblable tempête; sous le vent, la pluie file presque horizontale, mêlée de petits grêlons qui vous coupent la figure; les imperméables, les doubles manteaux, les capuchons turcs sont traversés en un instant, les bottes transformées en baquets d'eau; les malheureux chevaux glissent, s'apeurent, enfoncent jusqu'au poitrail. Des soldats cheminent devant nous, battus par la tempête, se serrant les uns contre les autres comme un troupeau de moutons; des traînards tout le long du chemin ont renoncé à marcher, s'assoient les fesses dans l'eau, avec le geste résigné, abandonné, de quelqu'un qui est décidé à mourir là. La pluie noie les immenses horizons gris, lamentables, pareils à un manteau trop mouillé qui ne peut plus absorber d'eau, qui l'exsude et d'où elle dégouline en torrents.

Nous nous arrêtons un instant dans une ferme. Nous repartons. Toujours même spectacle et la nuit commence de tomber. Le long du chemin, des chevaux qui crèvent, essaient un dernier effort pour vivre, et demeurent là, oscillant sur leurs quatre pattes avant de tomber!

Nous traversons une rivière débordée et enfin, après quatre ou cinq heures de marche, nous voilà à Tcherkeskeuï: maisons pleines de soldats, nulle part où dormir; demeurerons-nous toute la nuit sous la pluie? Enfin, Kemal bey découvre dans un enclos une maison abandonnée. Nous nous y réfugions. Il nous laisse là avec les chevaux et un soldat, et part à la recherche de l'État-major. Nous nous installons dans cette maison abandonnée qui nous semble plus confortable que le plus merveilleux palais : des matelas à la turque pour dormir, encore un peu de pétrole dans une lampe. Dans un coffre, je découvre une broche en verroteries, un catalogue des magasins du Louvre, des objets de femme. Avec les meubles brisés nous allumons un beau feu et faisons sécher nos vêtements les uns après les autres, les étendant sur la flamme. Des soldats battent à la porte; ils supplient qu'on leur accorde abri et quelque chose à manger; nous leur cédons une chambre et ils commencent à la défendre contre les nouveaux arrivants. Après eux survient un officier ruisselant de pluie à qui nous donnons aussi l'hospitalité. C'est un médecin, il revient du front; il est exténué, n'a plus rien, ni cheval, ni vivres, ni bagages. Rien à manger pour nos pauvres chevaux qui passent la nuit dehors sous la pluie.

*
* *

3 novembre.

Toujours même temps. Le lieutenant n'est pas revenu. Notre jeune engagé volontaire prend peur; il dit qu'il a passé toute la nuit à veiller, son revolver au poing, que les soldats rôdeurs l'ont menacé, qu'ils vont tout piller et voler les chevaux. En effet, l'un tente de s'emparer du cheval du prince, mais nous intervenons à temps. Nous rassurons le jeune soldat qui voudrait filer de suite. Kemal bey arrive enfin vers 10 heures avec le prince; ils se sont perdus dans la nuit, sont tombés dans la rivière, ont failli se noyer. Enfin, ils ont fini par trouver la gare de Tcherkeskeuï où se tenait l'État-major général, et là ils ont dormi quelques instants, par terre, comme ils ont pu, mais enfin à l'abri. Inutile et impossible d'aller à Saraï et à Viza, rejoindre Mahmoud Mouktar pacha, l'armée de celui-ci est en pleine retraite; les premières colonnes de fuyards commencent à déboucher dans le village; il faut rejoindre les attachés militaires qui se trouvent à la gare dans leur train spécial, s'y faire une place, retrouver nos bagages et nos charrettes qui doivent être arrivés de Tchorlou, embarquer tout cela et partir pour Tchataldja où l'armée turque va tâcher de se réorganiser.

Nous sortons, et le lamentable spectacle de la déroute se déroule une troisième fois à mes yeux, m'entraînant avec elle ; mais cette fois plus lamentable encore que les précédentes. A Seidler, ce n'était qu'un régiment et des paysans, à Karistiran le soleil brillait et la terre était solide sous les pieds ; mais ici toute une armée barbote, s'englue dans la boue. Ah ! cette boue, elle engloutit les chaussures, elle jaillit jusqu'à la tête, elle semble aspirer hommes et bêtes tout entiers. Les ruisseaux sont devenus torrents furieux ; il y a sur ces torrents quelques petits ponts de bois, de ces ponts turcs où, en temps ordinaire, on ne s'aventure jamais, préférant se mouiller les pieds à risquer l'écroulement des planches et des ais pourris ; aujourd'hui, toute une cohue pêle-mêle, cavaliers, piétons, hommes, femmes portant des enfants, s'y précipite, barre l'entrée, chacun cherchant à passer le premier ; un cheval tombe, barre le passage ; on l'enjambe, tandis qu'il se débat ; cependant pas de coups échangés, pas de disputes. Moi aussi je pénètre dans la foule, la poussée m'écarte d'abord du pont, puis, se déplaçant, m'y porte ;

mon cheval sent le danger, mais tient bon, se cramponnant des quatre pattes pour ne pas déraper. Voyons ! ce pont s'écroulera-t-il avant que j'arrive au bout ? l'eau bouillonne et fuit, rapide, et semble m'emporter en sens contraire de toute la vitesse de sa course. Me voici parvenu à l'autre extrémité. De tous les côtés le troupeau des peuples se déverse, cavaliers, fantassins, caissons d'artillerie, charrettes de paysans, buffles, gamouses, vaches qu'on tire par une corde, brebis pressées les unes contre les autres, blessés qui geignent et qui enveloppent leurs moignons dans des loques sordides dégouttantes de sang ; il y a des cadavres de chevaux, de bœufs, des hommes qui se sont couchés là. Et ceux qui marchent se serrent comme des aveugles qui ont besoin les uns des autres pour se guider et vont à l'aventure ils ne savent où ; tous ont l'air comme de gens frappés par un coup de tonnerre, comme de figures du destin. On ne voit rien quelquefois qu'un manteau, que la silhouette d'un groupe qui défile sans discerner le détail des visages, des gestes, mais il se passe sous cette enveloppe, dans ce voile de misère, quelque chose d'effrayant qu'on ne s'explique pas, quelque chose qui dépasse toutes les douleurs et toutes les peines humaines et qui est comme marqué du sceau de la fatalité et du désespoir absolu.

Nous arrivons à la gare encombrée de trains qui n'en finissent plus, wagons accrochés les uns aux autres, si nombreux que jamais aucune locomotive ne les pourra tirer, surchargés de pyramides humaines. Si l'un de ces trains manœuvre et vient à reculer, ces pauvres gens croient qu'on va les remmener en arrière et les abandonner ; ils se précipitent les uns par-dessus les autres pour fuir, pour fuir de nouveau, loin, toujours plus loin des Bulgares qui viennent. Des fillettes me tendent les bras pour que je les descende sur le quai ; il y en a sur les toits, dans les fourgons, il y en a qui ont installé des campements sur des planches placées dans l'interstice des wagons et soutenues par les tendeurs, et toujours de nouvelles ondes humaines arrivent, refluent, se succèdent par toutes les routes, de tous les coins de l'horizon, tâchant de s'engouffrer dans les trains comme dans un asile de salut. On sera là à l'abri de la bataille, du massacre, de l'incendie, du pillage ; on fuira !...

On nous case tant bien que mal avec les attachés militaires qui sont revenus cette nuit de Viza, entraînés eux aussi par la déroute. Puis nous nous mettons à la recherche de nos bagages.

Vers 2 heures de l'après-midi, les correspondants restés en arrière à Tchorlou arrivent avec le commandant Wasfi bey. On me dit que ma charrette, l'un de mes chevaux et le vieux Turc Hassan qui les conduisait ont été emportés en voulant traverser la rivière et ont disparu. Pauvre bonhomme! il avait la meilleure, la plus placide et la plus naïve figure de Turc qu'on pût voir, il m'était extrêmement fidèle et j'aurais donné n'importe quoi pour qu'il ne pérît pas ainsi. Je retrouve mon drogman avec le reste des bagages dans un wagon accroché à un train de fuyards. Il est à demi mort de peur. Je lui donne l'ordre de rester avec eux et de s'arrêter à Hademkeuï en arrière de Tchataldja où l'on m'affirme que nous nous fixerons avec l'État-major. Nos chevaux viendront avec ceux de nos officiers, suivant la route et confiés à des soldats.

De tous côtés arrivent des blessés, des morts, et la foule des vivants, qui ne valent guère mieux que les morts, afflue et s'accroît sans cesse. Vers le soir, nous démarrons; rien à manger, rien à boire, de l'eau tellement infectée qu'on n'ose même pas l'avaler après l'avoir permanganatée, recoupée à l'alcool de menthe ou à l'acide lactique; on tente vainement de dormir.

4 novembre.

Le matin, après douze heures de voyage, nous apprenons que nous avons fait six kilomètres ; le jour paraît ; notre locomotive ne peut traîner l'immense file de wagons qui lui sont accrochés. Le flot, l'interminable caravane de fuyards nous a rejoints et nous a dépassés ; devant nous, sur la voie, sur les talus, les bas côtés, dans la plaine, cela avance comme une masse formidable. Le mécanicien descend de sa machine et s'assied désespéré sur le talus. Au milieu des cris, des supplications, des coups de revolver on se décide à abandonner la plus grosse partie du convoi. — Nous voilà repartis. La machine siffle éperdûment, le mécanicien crie, hurle, gesticule pour que la foule s'écarte ; mais rien n'y fait. Nous entrons comme un coin dans cette foule ; on s'arrête, on repart, de nouveau les marchepieds des wagons bousculent hommes et chevaux, les jetant pêle-mêle sur le talus, et les charrettes montent les unes sur les autres, les bœufs s'échappent, des femmes sont lancées sous les roues, piétinées, quelques-unes cher-

chent à s'agripper aux portières pour filer plus
vite avec nous ; on les écarte à coups de crosse.
Je me trouve au premier compartiment du
premier wagon, Erio, du *Journal,* à droite, moi
à gauche, penchés à la portière, et nous nous
retournons l'un vers l'autre pour nous dire :
« Vous voyez cela ! Vous voyez cela ! » Comment
ne nous tire-t-on pas dessus ? Cela me paraît
incroyable ; ces gens-là ont des fusils, leur seule
idée est d'avancer, d'avancer plus vite, d'avancer
à tout prix ; ils n'ont pas mangé depuis, qui sait ?
trois, quatre jours. Ils nous voient passer et
nous devons leur apparaître d'abord comme des
seigneurs installés au sein même du luxe le plus
fantastique et presque comme des assassins. Il
me semble que si j'étais à leur place, je des-
cendrais le mécanicien, je tirerais avec furie en
mâchant mes cartouches. Rien, pas un coup de
de feu. Voyons ! il faut dire cela : dans cette
déroute qui dure depuis je ne sais combien de
jours, je n'ai pas vu une brutalité, un meurtre,
pas une crosse de fusil levée contre un officier,
contre nous Européens, quelques-uns en cas-
quettes ou en chapeaux boers venus les regarder
en bêtes curieuses, et faire des photographies
et des cinématographies de leurs désastres et de
leurs souffrances. Ah ! le pauvre, le malheureux

peuple, si souvent traité de massacreur et
d'égorgeur ! Tout cela est si misérable, si poignant, qu'on éprouve je ne saurais dire quelle
honte à le regarder en spectateur, à prendre
des notes pour le raconter ?

Cette fois, nous gagnons du terrain. Les charrettes, les troupes de fuyards s'espacent, quelques soldats tentent encore de grimper sur le
train, mais ceux qui y sont installés les repous-
sent facilement à coups de sabre.

Encombrement à Tchataldja où nous arrivons,
et très long arrêt. On descend des wagons un
certain nombre de malades, typhiques, varioleux
aux figures épouvantables, et trois morts. Un
vieux Hodja en turban vert dégringole du toit
du wagon où il est installé, pour faire sur eux
les gestes nécessaires qui délient les âmes. On
creuse à la hâte trois fosses, et, comme on ne
sait pas le nom de ces morts, on leur donne celui
d'Abdallah (esclave de Dieu). Et c'est sous ce
nom qu'ils s'en vont de la station de Tchataldja
au Paradis, accompagnés des prières convenables.

*
* *

5 novembre.

Nous sommes enfin repartis et le 5 au matin nous sommes arrivés à Hademkeuï, ayant fait moins de quarante kilomètres en deux jours. Si les Bulgares avaient eu de bonnes jambes ils seraient parvenus avant nous aux rives du Bosphore. Nous nous apprêtons à descendre quand l'ordre arrive du quartier général de faire continuer immédiatement le train jusqu'à Constantinople et d'y réintégrer les correspondants de guerre.....

— Faible description, pâle, presque rose à côté de ce qui vient de se dérouler sous mes yeux; l'exode, la panique, la déroute, la mort par la faim, le froid, les blessures, tout cela dépassait la parole et l'écriture ; ou bien il aurait fallu un autre que moi. Ce pays grisâtre, grand, mais sans beauté, ces gens vêtus de pluie et de boue, enveloppés de leurs haillons, engoncés dans leurs capotes kaki ou réséda, leur bonnet pointu ramené sur la tête, tous les mêmes, tous l'air écrasé, ces femmes au masque douloureux de bêtes pourchassées, aux yeux inquiets de tous les dangers qui les entourent et les poursuivent, avec leurs draperies noires retroussées, leurs larges pantalons, leurs gosses enfagotés, à type mongol, qu'elles portent sur le bras et serrent contre elles, suivant les roues énormes des chariots ancestraux, ces processions de soldats agonisants dans cette campagne liquéfiée, cette terre gluante, nue, plate, et ce ciel, tous deux incolores, imbibés d'eau, cette foule passive, sans cri, sans geste, j'ai peine à entendre, à expliquer, à sentir cela autrement que comme quelque chose de très poignant mais d'étranger, que comme une suite d'apparitions funèbres de cauchemar.

J'ai vu d'autres misères, la guerre arabe, la mort par les blessures ou la faim, l'extrême famine, l'extrême maladie ; mais en Afrique cela conservait quelque chose d'éclatant, il y avait une expression humaine encore dans les figures, expression de désespoir, de colère, de voracité, de douleur, diverse sur chaque visage, et disant que ces gens-là étaient des êtres humains. Ici, ils sont tous les mêmes, semblablement frappés, un grand troupeau battu par d'indicibles tempêtes, qui se serre, où chaque individu tend pareillement l'échine et n'ose lever la tête. Une telle impression est accablante ; c'est comme quelque chose d'abstrait ; le type de l'homme, sa figure y paraissent supprimés, détruits ; chaque caractère qui le différencie de son semblable amalgamé avec celui du voisin au point de faire comme une chose semblable au vent, à la pluie, à la boue, à un fleuve et non à des vivants. Je ne trouve de mots pour rendre un tel tableau que les plus anonymes, ceux qui expriment d'habitude le moins, comme « cela » « cette chose » et voilà tout !

Presque tous, mieux vaut dire tous, jusqu'à l'heure de la mort, songent à fumer une cigarette ; c'est l'unique souci qui ne m'ait pas paru les laisser indifférents, et par où j'aie pu les comprendre un peu. Enfin ils étaient sensibles à un plaisir ; le pur instinct de conservation n'était pas tout chez eux. N'était cela, je les aurais cru incapables d'un désir, faits uniquement pour subir, les mêmes devant la mort, devant la faim, qui sait ? devant la victoire même.

C'étaient bien là, comme ils le disaient eux-mêmes, des gens frappés par Dieu plus encore que par l'ennemi. Il semblait qu'on vît la main du destin elle-même marquer, signer de son ongle cette page grandiose du livre de l'histoire de l'humanité. Chaque peuple a sa promesse divine ; celui-ci a reçu celle de l'empire du monde, il est ici avec un pied sur l'Asie, un pied sur l'Europe, ayant pour gage de son pacte avec Dieu la possession du temple de la sagesse éternelle, et le voici soudain pourchassé, écrasé, s'enfuyant avec ses soldats, ses vieillards, ses femmes, ses enfants, par toutes les routes de ses anciennes conquêtes. L'ennemi, la maladie s'unissent pour l'accabler, la terre tremble sous lui ! Certes, entre ce ciel et cette terre, entre ces deux tissus pareils à des draps mortuaires passés dans la cendre, on sentait la présence invisible, le frémissement de l'aile de l'ange de l'extermination, comme un souffle, un vent chargé de pluie qui enfonçait sur la tête du soldat turc son capuchon pointu, l'écrasait sous sa capote, le faisait serrer ses bras contre soi, tendre le dos ; et il sortait de cette nature et de cet homme, comme une plainte sourde finissant dans le silence.

Quelle fresque à la manière d'Orcagna ! Quelle page de l'histoire universelle comprise à la façon de Bossuet, pour qui eût été capable de la peindre ou de l'écrire.

*
* *

Constantinople, 6 novembre.

En dépit de toutes leurs fautes présentes et passées, qu'on n'attende pas de moi que j'accable les vaincus juste à l'heure où tous vont se précipiter à la curée. J'ai suivi cette malheureuse armée sur toutes les routes de sa défaite, partageant son immense deuil. L'air de satisfaction que je vois à Constantinople répandu sur les visages de tous les métèques par lesquels ce peuple s'est laissé dévorer, satisfaction mêlée d'une crainte qui, d'un instant à l'autre, peut se changer en panique, m'exaspère. Cependant, je suis, moi aussi, un étranger ici et je le sens un peu plus chaque jour, j'essaye en vain d'écouter battre le cœur de cette ville, de sentir comment il frémit dans un instant si tragique; je ne suis pas d'ici. L'âme de l'Orient nous est fermée, ses réactions profondes nous demeurent incompréhensibles. Mais j'ai passé cinq mois avec les officiers turcs de Tripolitaine, j'ai exalté comme j'ai pu l'œuvre qu'ils avaient accomplie là, leur flamme patriotique, leur abnégation, leur courtoisie envers un Français perdu au milieu des hordes de la guerre

sainte. J'eusse passionnément voulu voir ici de
semblables choses. Il y en a eu : « Mon Commandant, disais-je à Wasfi bey, conduisez-nous sur
le front, laissez-moi rejoindre Mahmoud Mouktar pacha ; je ne serai pas plus exposé qu'à l'arrière ; victoire ou défaite, il ne manquera certes
pas de magnifiques actes de bravoure à célébrer
et de combats héroïques ! » On ne nous a montré
que la retraite, je l'ai décrite comme je l'ai vue,
mais sans espérer, sans désirer même en rendre
l'horreur véritable. Le peintre aux couleurs
noires, celui qui avait passé les portes de l'enfer
et les avait repassées, n'eût peut-être pas su
montrer l'image d'une telle orgie de souffrance et
de désespoir.

Un lunatique à Cosmopolis

Constantinople, 10 novembre.

Constantinople, le pays tout entier, sont infestés de choléra, de typhus, et la contagion, qui menace de faire des hécatombes plus terribles que les batailles, fait chaque jour d'effroyables progrès. Ici, pour recevoir des milliers et des milliers de blessés, rien n'était prêt, ni locaux, ni lits, ni matériel chirurgical, rien, absolument rien. On a tenté d'improviser, comme toujours, mais on imagine ce que peut valoir une telle improvisation, en un pareil moment. Quel prodige de stupidité, d'inertie, d'aboulie que l'organisation des choses turques ! Un comité de salut public avec des pouvoirs discrétionnaires serait terriblement à sa place ici.

Et cependant, si quelque lunatique errant tombait de sa planète sur celle-ci au point nommé Constantinople, il verrait tout d'abord une foule de navires ancrés devant la ville et couverts de petits drapeaux ; s'informant, il apprendrait que c'est grande fête, et qu'on célèbre l'anniversaire de la naissance du roi Victor-Emmanuel d'Italie, fort ami du sultan de ces contrées. Continuant par Péra, il coudoierait une foule nombreuse, riante, se pressant dans les cafés, dans les magasins de nouveautés, dans les cafés-concerts et les cinématographes. A Stamboul, il traverserait des rues villageoises avec des arbres couleur d'automne, des fontaines décoratives, de petites boutiques devant lesquelles des Turcs de paravent hument leur café. Et si quelqu'un lui traduisait le journal, il apprendrait à la vérité que les gens de ce pays ont la guerre avec les habitants de quatre autres, mais que les victoires constantes remportées par eux de tous côtés leur donnent ces loisirs dont il est l'heureux témoin. Après avoir quitté ces bonshommes décoratifs, coiffés d'une capsule rouge, il entendrait les gens à chapeau qui habitent de l'autre côté du pont célébrer, eux aussi, leurs victoires ; il se croirait arrivé dans l'Eldorado et bénirait sa destinée favorable, jusqu'à ce que quelqu'un d'informé lui révélât que sur terre, sur mer, l'ennemi est aux portes, le choléra et le typhus dans la ville, que les gens des deux côtés du pont s'exècrent et célèbrent chacun des victoires qui sont pour les autres des défaites, bien qu'ils soient également sujets du même pays, qu'enfin on redoute qu'ils s'égorgent réciproquement et que les grands vaisseaux ancrés dans le port viennent de pays étrangers pour assurer l'ordre dans la cité et la sécurité des habitants...

Quelle antithèse entre l'heure prochaine, si chargée d'événements que l'imagination la plus puissante n'arriverait pas à la combler, et l'heure présente où le spectacle que l'on a sous les yeux permet tout au plus de plaisanter amèrement!

Nous sommes protégés par deux croiseurs cuirassés de chaque nation, d'autres doivent arriver incessamment, des transports, cargos, courriers assurent la possibilité de notre départ. Les sujets autrichiens, par ordre de l'ambassade, se sont déjà embarqués. De telles craintes sont-elles justifiées? Je ne sais, n'ayant guère contact avec la population turque qui, à la surface, me paraît aujourd'hui aussi calme qu'hier. Les avis à ce sujet sont aussi variés, aussi contradictoires que possible. Cependant, au cas où les Bulgares seraient de nouveau victorieux à Tchataldja et marcheraient sur Constantinople, repoussant devant eux le flot de l'armée ottomane, au moment où celle-ci se verrait définitivement vaincue et où les Turcs sentiraient que la ville sainte va leur être arrachée, il me semble à peu près impossible qu'il ne s'y produise pas quelques convulsions. D'autre part, il faut compter avec l'apathie de ce peuple, avec son désarroi. Il n'y a jamais eu de massacres en Turquie qui n'aient été organisés de longue main. Je viens de voir la retraite des soldats affamés, passant à travers les villages chrétiens, et je dois répéter une fois de plus, pour m'en convaincre moi-même, que je n'ai pas assisté à un seul acte de violence ou de pillage. Mais qu'est-ce que recouvre cette eau dormante ?

*
* *

Hier matin, j'ai vu tout à coup surgir devant la porte de l'hôtel, après huit jours de disparition, l'un traînant l'autre, ma charrette, mon cheval et mon vieux Turc. Surgir et tout à coup sont une façon de dire, car ils procédaient très péniblement et très lentement. Le vieux Turc n'en pouvait plus, le cheval était affreusement blessé au garrot et la voiture se composait de plusieurs pièces raccommodées au moyen de cordes et de ficelles. Ainsi tout se retrouve « yavash,

yavash... » (tout doucement, tout doucement) en ce pays. Qui sait si quelque jour il ne se retrouvera pas lui-même à force de patience et de bonne volonté. Enfin, sauf la batterie de cuisine et la cantine de mon drogman, voilà le personnel et le bagage de retour au logis. Mais lorsque j'ouvre les caisses, le spectacle est si effroyable que je pense me trouver en présence de cadavres en décomposition. Le tabac, l'encre, le papier, le chocolat, les cartes géographiques, les chaussettes, les caleçons, les plaques photographiques, tout est broyé, amalgamé l'un dans l'autre en une inexprimable confiture.

Mon vieux Turc en a dû voir de bonnes et de belles au cours de son voyage de Tchorlou jusqu'ici, traîné de-ci de-là par le double flot des émigrants et de l'armée en déroute ; mais il est peu observateur, encore moins bavard, je n'en ai rien pu tirer, sinon qu'il n'avait songé tout le temps qu'à bien nourrir mon cheval, sur le ventre duquel, ce disant, il tapotait d'une main douce, pour me faire apprécier comme il l'avait bien rond et grassouillet, tandis que, de l'autre main, il indiquait le sien, fort creux à la vérité.

Donc, après une journée de travaux et de soins tout est en ordre de nouveau et je suis prêt pour le départ. Mais quand et comment sera-ce ? Au lendemain de notre arrivée, Wasfi bey nous a dit que, s'il n'avait tenu qu'à lui, nous ne serions jamais sortis de Constantinople. Pour ce qui est du passé, peu importe, mais cela veut dire, si je ne me trompe, que, pour l'avenir, nous ne sortirons plus de cette ville. D'ailleurs, il nous a fait voir triomphalement dans les journaux que les correspondants à l'armée bulgare n'avaient pu dépasser Mustapha pacha et que leurs télégrammes portaient, pour toutes nouvelles, un beau cachet de la censure. Ainsi donc, inutile de rien espérer de ce côté. Je me suis mis aussitôt à chasser, sur d'autres pistes, l'occasion qui me permettrait d'assister à la prochaine bataille.

*
* *

11 novembre.

J'ai fait ce matin connaissance de Djemil Munir bey, jeune lieutenant de cavalerie, fils de Munir pacha, ancien ambassadeur de Turquie à Paris. Il arrive de l'armée et y retourne et, sur ma demande, accepte de m'emmener avec lui.

Aux camps du typhus et du choléra

———

Je reviens de passer cinq jours au camp du typhus et du choléra. On m'a demandé souvent au retour d'autres voyages et sur un air de doute : « Avez-vous vraiment couru des dangers ? » Je répondais que je n'en étais pas sûr, et qu'en tout cas j'en avais eu rarement l'impression et très faible ; mais cette fois, durant ces cinq journées, on sentait sur la nuque la main de la mort même, et d'une mort devant laquelle il est impossible de faire le brave.

*
* *

Mardi, 12 novembre.

Ma charrette est partie en avant, guidée par mon vieux Turc ressuscité, et doit me retrouver à Hademkeuï où est le quartier général ; au dernier moment, mon drogman, qui doit m'accompagner à cheval, me déclare qu'il a mal aux reins ; il me faut, dans l'instant même, en trouver un autre qui se présente à moi avec la réputation bien établie d'une fripouille parfaite, mais d'un débrouillard ; c'est un ancien comitadji grec. Il porte avec lui un gros sac plein de provisions ; mes fontes sont combles. Djemil Munir bey et son soldat se sont également chargés de tout ce qu'un cavalier peut porter avec soi. Nous traversons Péra, le pont de Galata, Stamboul. A chaque pas on arrête Djemil. Tout le monde le connaît ; on l'a cru tué à la dernière bataille. Tous veulent lui serrer la main, s'enquérir de la guerre, lui faire leurs souhaits, le charger de commissions pour des parents ou des amis.

Nous voilà hors des murs, dans le cimetière de Daoud pacha ; la foule y est plus grouillante que dans la ville même, mais quelle foule ! Les hordes d'émigrants se sont amassées à cet endroit, avec leurs chariots, leur bétail, leurs meubles. Un peuple sauvage, sordide, misérable, farouche campe sur les tombes, au milieu des cyprès et sous la grande ombre des murailles ruinées. Toute la province d'Andrinople, chassée de ses villages par l'invasion, affamée, ruinée, en proie aux maladies contagieuses, est là. On a installé tant qu'on a pu de ces émigrants dans les mosquées, on en a évacué d'autres sur l'Asie, les envoyant mendier ou crever au diable, s'il leur plaisait mieux et même s'il ne leur plaisait point, mais il en arrive chaque jour par milliers et milliers ; ils s'entassent où ils peuvent. Il me semble reconnaître ceux que j'ai croisés à Seidler, à Tchorlou, à Tcherkeskeuï, fuyant devant les soldats, faisant fuir à leur tour devant eux d'autres populations, prises de panique, et redoutant plus ces émigrants affamés que les soldats réguliers. Ils regardent cette porte de la ville, où ils ne peuvent entrer, et ces murs qu'il leur est défendu de franchir, avec des yeux d'ardente convoitise. A notre passage, les femmes ramènent leur voile ou mettent la main sur leur figure, écartant les doigts pour en couvrir plus large et aussi pour nous examiner curieusement. Et les campements se sont installés, la vie s'est organisée, on trafique, on dispute, on fait l'amour, on meurt surtout ; je vois passer des cercueils au milieu de cette foule, et, autour des cercueils, des vivants accablés de fièvre, des cholériques qui ne valent pas mieux que les morts. Mais on est à l'aise en ce cimetière pour accomplir une fonction si naturelle à l'homme que de mourir.

Puis la route serpente à travers des ondulations monotones; des régiments la suivent, soldats armés à la hâte, vêtus de costumes dépareillés, sans officiers, sans ordre. D'interminables caravanes d'émigrants arrivent toujours. A perte de vue, le long du ruban de route que l'on voit disparaître et reparaître selon le mouvement du terrain, la procession se poursuit. D'où peuvent sortir tous ces gens? Les villages sont si rares dans ces provinces immenses et désolées qu'on n'eût jamais pensé que cette fourmilière s'en pût un jour échapper.

Djemil bey est le plus agréable des compagnons. Il a été élevé en France, est passé par Saint-Cyr, Saumur, a été dragon à Versailles; il a les allures, la gaieté, le geste à la française d'un officier de cavalerie de chez nous. Il me raconte la guerre, les opérations de la division indépendante de cavalerie dont il fait partie, tous les combats soutenus jusqu'à Tchataldja, les premières escarmouches, puis la panique de Kirk-Kilissé, puis Lulé-Bourgas, la retraite dans la boue, la défense de Tchorlou, les défaites après les défaites, le désespoir des chefs et des soldats. « Mais, me dit-il, à la cavalerie, toujours en avant, nous nous sommes constamment battus, ne perdant jamais le contact avec les Bulgares, et ainsi, même vaincu, on souffre moins

dans son orgueil de soldat qu'à l'arrière ; la lutte,
l'activité sans répit préservent du découragement ; et aussi nous avons marché, nous avons
été menés par nos officiers, toujours gaillarde-
ment, gaiement, à la française enfin ! »

Nous chantons des chansons de route, nous
rappelons tous les vieux refrains des régiments
et arrivons à la nuit à San Stefano. La ville est
abandonnée ; on y amène les cholériques ; mais
enfin un Grec est demeuré au Palace-Hôtel de
l'endroit et nous y trouvons gîte.

*
* *

13 novembre.

Le lendemain matin, je laisse mon drogman à
la recherche de mes bagages perdus une fois de
plus, lui donnant rendez-vous à Hademkeuï
pour le jour même. Il fait grand soleil et presque une température d'été. A midi, nous sommes à Hademkeuï où se trouve le généralissime
et nous nous informons du point où nous pour-
rons rejoindre le 2e régiment de cavalerie auquel est détaché Djemil bey. Dans les wagons,

on empile des cholériques et des typhiques ; un grand nombre sont étendus le long de la voie, quelques-uns déjà morts ; d'autres arrivent qu'un camarade porte sur le dos ou dans ses bras.

Nous fuyons ce lieu abominable et nous nous mettons à courir les villages à la recherche de la cavalerie. Partout des camps se dissimulent dans le pli des collines ; des forces considérables sont amassées là, cinq corps d'armée, à peu près organisés, tout ce que l'Empire a pu tirer, amener en hâte de ses provinces d'Europe et d'Asie, équiper, armer à la diable, et qui représente l'ultime effort contre l'envahisseur triomphant, le dernier rempart entre Constantinople et lui.

Ces lignes de Tchataldja sont naturellement formidables, se flanquant l'une l'autre, admirablement disposées pour la défensive. Les soldats turcs qui les occupent, en d'autres temps, semble-t-il, n'en pourraient être chassés. Mais les canons manquent, beaucoup sont restés dans les fondrières à Lulé-Bourgas, à Viza, à Tchorlou ; on comptait se battre devant Sofia et non devant Constantinople ; rien n'a été préparé ; cet effort de la dernière heure peut-il inspirer encore quelque espérance ? Enfin, ces soldats ont été vaincus à plusieurs reprises, et ils sont décimés par les épidémies. Il est vrai qu'on ne peut parler ni raisonner de cette armée comme on ferait d'une autre. Les Turcs n'ont pas de nerfs. Ces fuyards, ces hommes pris de panique sans raison à Kirk-Kilissé, ceux-là mêmes se battaient bravement quelques journées après à Lulé-Bourgas; ils feront de même ici. Une autre armée, peut-on croire, se décomposerait au spectacle épouvantable de ces cortèges de morts et de mourants qu'on traîne ou qui se traînent eux-mêmes sur tous les chemins qui vont des avant-postes à Hademkeuï, en proie au choléra et au typhus. Celle-ci, au moins en apparence, le contemple avec la même apathie, le même silence qu'elle montrait dans la défaite, le même silence et la même apathie qu'elle montrerait peut-être dans la victoire.

Nous courons à la recherche de notre cavalerie. Enfin, nous la découvrons en avant de la ligne de défense entre Nakeskeuï et Ezetin. Djemil bey me présente aux officiers. Plusieurs me connaissent, ayant lu dans *L'Illustration* les récits que j'ai faits de la bravoure de leurs camarades de Tripolitaine et de Cyrénaïque. Ils m'accueillent les mains tendues. De la position qu'ils occupent, on aperçoit très distinctement les Bulgares; le soleil fait briller leurs armes, ils sont éloignés de deux kilomètres et travaillent à se retrancher.

La cavalerie doit se rendre dans quelques heures en arrière des lignes, au village de Omarli. Djemil bey et moi l'y précéderons, désireux de retrouver nos bagages qui, croyons-nous, nous attendent à Hademkeuï. Avant d'y arriver, le cheval de Djemil bey crève de fatigue; il l'abandonne là; un cadavre de plus ou de moins, le pays en est semé, cadavres de chevaux, cadavres d'hommes! Nous reprenons la route; nous l'avions quittée à midi, épouvantés du spectacle que nous y avions vu, mais comment décrire le défilé, la procession, le convoi d'agonisants qui y circule à présent? Tout ce qui est tombé malade, tout ce qui est mort dans la journée remonte maintenant vers la ville; les chariots vont l'un derrière l'autre, portant six, huit, dix corps, la tête pendante, les jambes entrecroisées, quelques-uns agités de spasmes; et il y en a d'autres, couchés tout de leur long sur un cheval, les bras pendant de chaque côté du cou de la bête et la tête roulant sur l'encolure, d'autres qui n'en peuvent plus mais ne sont pas tombés encore et que des compagnons, que le mal guette, soutiennent, mettant la main sous leurs bras. La route est encombrée, le convoi s'arrête, reprend sa marche, très lente. De chaque côté, dans le fossé, des cadavres bleus, tordus par les convulsions, les yeux ouverts, des yeux où il n'y a plus rien. Je suis ce cortège ; il me frôle, passe comme une vision infernale. Il n'y a pas de mots pour dire ni décrire cela. On éprouve ensuite une sorte d'horreur à le faire repasser devant ses yeux.

Il fait nuit, nous arrivons à la gare de Hademkeuï ! Ah ! je suis las de raconter ces scènes abominables, mais ici cela dépasse l'imagination. Tous les convois de malades ont afflué vers cette gare, les chariots s'y accumulent ; on les décharge, on en recharge le contenu dans les wagons, on empile ces paquets informes de chair morte en liquéfaction, et sur le bord de la voie, dans le fossé, à côté de soi, on entend le vomissement des malades, qui déchire, qui vide tout leur corps. Assez, n'est-ce pas ? Nous avons fui, pensant que nos hommes n'avaient pu rester là. Djemil se retourne vers moi ; c'est le garçon le plus gai et le plus brave qui soit, mais nous nous regardons : « Ah ! mon vieux Rémond, me dit-il, pas moyen de cocarder là devant : la guerre, les balles, les shrapnells, à la bonne heure, mais cela !..... »

Il faut vivre cependant et ne se point laisser

démoraliser. Nous suivons la voie du chemin de fer, allant au petit bonheur dans la direction présumée de ce village d'Omarli où nous devons retrouver la cavalerie. Nous ne voulons plus penser à ce que nous venons de voir ; nous essayons de chanter des chansons françaises, des chansons gaillardes de régiment, cela remet du courage au cœur. Peut-être trouvera-t-on cynique de chanter en un pareil instant. Pourtant, si l'on se laissait aller, si l'on se fixait sur la vision que l'on vient de frôler, comment résister ? Mais ce n'est pas facile que de trouver un dérivatif, quelque chose qui fasse oublier. Les chansons nous restaient dans la gorge. Eh bien, en somme, l'unique dérivatif, c'est de parler femmes, de parler de Paris. Tous deux, nous sentons cela si vivement, qu'une fois lancés nous ne nous arrêtons plus. Vous rappelez-vous ceci et ceci, et cela encore, et aussi et surtout celle-ci et celle-ci et celle-là ? Je ne les connais pas, mais je fais comme si c'étaient de vieilles amies et j'en cite d'autres qu'il ne connaît pas plus et qui l'intéressent passionnément. C'est que ce sont là des souvenirs sur lesquels on peut s'attendrir et blaguer à la fois.

Dites aux petites Parisiennes que dans des

moments de désespoir absolu, quand le monde est noir autour de nous, elles sont seules à pouvoir redonner un peu de goût à la vie.

Nous pataugeons dans des bas-fonds humides. Des sentinelles, gardant la voie ferrée, nous arrêtent. Sommes-nous enfin à Omarli ? Nous trouvons des tentes, mais c'est le campement du 3e régiment de cavalerie et nous sommes avec le 2e. Nous entrons sous une petite tente. Un officier y est assis, auquel Djemil me présente. C'est le colonel Youssouf bey, qui, durant toute la campagne, s'est battu en héros. Il a l'air très simple, très modeste, l'expression de la figure est triste, noble et d'une extrême bonté. Djemil lui dit qui je suis et que j'ai longtemps vécu avec les officiers turcs en Tripolitaine ; il me serre les mains ; nous ne nous disons pas grand'chose, car il ne sait que quelques mots de français, nous nous exprimons par gestes, mais je me sens rempli de sympathie pour ce vieil officier. Certains Turcs ont une façon de vous recevoir en n'importe quel lieu, fût-ce parmi les cholériques, de partager avec vous leur tente, leur dernier morceau de pain ou de biscuit, avec une bonhomie pleine de noblesse et de dignité cependant, qui sentent la très vieille race, l'homme de guerre, le grand seigneur. Au moment où tous les accablent, si je pense à quelques-uns d'entre eux, j'éprouve la peine qu'on ressent à voir périr une vieille et bonne famille qui n'a pas su gérer ses biens et dont le patrimoine va être divisé entre la vermine des usuriers et des croquants.

Nous repartons dans la nuit. Après une demi-heure de recherches nous finissons par trouver les maisons du village d'Omarli où la cavalerie du 2ᵉ régiment vient d'arriver. Le village est contaminé. On désinfecte les maisons, tant bien que mal, plus mal que bien assurément. Enfin, mieux vaut coucher là que sur la terre glacée et couverte d'ordures par le passage des régiments. Les officiers me font une place à côté d'eux, le commandant Irfan bey s'excuse de me recevoir si mal. Tous leurs bagages à eux aussi se sont égarés, arriveront on ne sait quand. Un capitaine, Eumer bey, découvre un peu de riz, une écuelle, brise des caisses pour en faire du feu et confectionne un pilaf, mais nous nous nourrissons surtout de gousses d'ail ; c'est excellent, assure-t-on, contre le choléra ; et on vient d'enlever des cadavres à l'endroit même où nous allons dormir.

*
* *

14 novembre.

Deux femmes en longs voiles blancs entrent dans notre maison. Elles viennent se rendre compte si nous n'avons pas mangé les épis de maïs qui y sont amoncelés, et, comme un certain nombre ont été foulés aux pieds, elles en réclament âprement le prix.

Le colonel Ibrahim bey désire vivement obtenir un autre cantonnement moins contaminé que celui-ci. Djemil Munir se rend dans ce but à l'État-major. Il revient avec l'ordre, pour toute la brigade, d'aller s'établir à Tchilinguir, au nord de Hademkeuï. Nous coucherons encore ici ce soir et partirons demain. Les bagages des officiers sont arrivés ; quant aux miens et à mes hommes, on n'en a pas entendu parler.

Le lieutenant Ali Tewfik bey, fils de l'ambassadeur à Londres, qui vient de retrouver son lit de camp après je ne sais combien de jours, qui doit le désirer, vous pensez à quel point, et qui, de plus, est atteint de dysenterie et très affaibli, tient absolument à me le donner. « Vous êtes notre hôte, me dit-il, je ne puis faire que cela ;

permettez au moins que je le fasse », et, malgré toutes mes dénégations, il me contraint d'accepter. Il me semble avoir retrouvé ici le milieu si sympathique, et où je me suis tant plu, des officiers de Tripolitaine. Même gentillesse, même gentilhommerie, même cordialité simple, profonde, dénuée de toute affectation. Hélas ! il ne manque que la victoire !

*
* *

15 novembre.

Nous repassons à Hademkeuï, le spectacle est aussi effrayant que celui d'avant-hier ; les morts s'ajoutent aux morts, le choléra décime l'armée. Partout des cadavres, l'atmosphère est comme empuantie. Ah ! Djemil disait bien : « Pas moyen de cocarder ! » Comment se battre, se tenir contre un tel ennemi? On le sent là présent et invisible, invincible, prêt à se jeter sur vous et à vous terrasser sans que vous puissiez même risquer une défense. Je croyais n'être pas trop peureux. Mais le mot peur est faible. Ici j'avoue sans phrases avoir eu la frousse, la frousse qui paralyse.

Tchilinguir est un joli village avec des arbres, des fontaines. Nous nous installons dans une petite maison peinte en bleu, possédant encore ses meubles, tables, canapés et même un piano, le jardin est plein de rosiers fleuris, il y a des tonnelles et des bassins d'eau. Enfin, on respire ici, bien que de loin en loin, dans une cour, ou au détour d'un chemin, on découvre quelque cadavre bleui et tordu par les spasmes.

De temps à autre, on entend le canon des croiseurs qui flanquent à droite et à gauche, sur la Mer Noire et sur la Marmara, les lignes de l'armée turque. Les Bulgares s'étant approchés jusqu'à Iénidjé, et ayant commencé de s'y retrancher, en auraient été délogés par l'artillerie de ces croiseurs. A part cela, quelques escarmouches entre patrouilles, et c'est tout. Les Bulgares doivent eux aussi souffrir du choléra, les villages qu'ils occupent aujourd'hui étant contaminés. Ils ont dû également perdre beaucoup de monde à Lulé-Bourgas et à Viza; aussi hésitent-ils à se lancer contre les redoutables lignes de défense des Turcs et les cinq corps d'armée massés là pour leur barrer le chemin. Un insuccès pourrait leur être fatal. Ils se retranchent sur leur aile gauche, et l'avis commun est qu'ils tenteront sans doute une attaque sur la droite des Turcs du côté de Derkos, le pays accidenté et boisé se prêtant assez à l'offensive.

Impossible de vivre ainsi sans bagages, sans rien pour me changer, pour me laver, pour faire bouillir mon eau, obligé de me faire servir par les soldats. Mes hommes ont dû fuir à Constantinople. Je décide de m'y rendre en compagnie d'un officier qui va chercher l'argent de la solde des troupes, et de revenir ici dans quelques jours.

A dix kilomètres de Tchilinguir mon cheval refuse d'avancer. Il est fini, épuisé. Je le laisse là et promets une livre à un paysan pour qu'il me rapporte ma selle, mes fontes et mon sac. Je grimpe sur une bête de bât et roule là-dessus jusqu'à Stamboul, secoué des pieds à la tête et m'écorchant le derrière sur le bois.

Récit d'un cavalier

—

De la frontière bulgare
aux lignes de Tchataldja.

—

Tandis que j'accompagnais la division de cavalerie indépendante au milieu de laquelle j'ai été reçu en ami, un jeune officier m'a fait de la campagne depuis le premier jour le récit qui suit :

« Nos patrouilles devaient entrer en territoire bulgare dès la nouvelle de la déclaration de guerre. Cette nouvelle, nous l'attendions avec impatience, sûrs de la victoire, sceptiques cependant quant à la guerre, à laquelle nous ne pouvions croire encore, bien que nous fussions informés de la concentration des forces ennemies sur la frontière.

« Les travaux de fortification d'Andrinople étant terminés, nous nous étions portés en avant de la ligne qui va d'Andrinople à Kirk-Kilissé. Le 18 octobre, comme nous ignorions encore si la guerre était ou non déclarée, nous vîmes une forte colonne ennemie passer la frontière et avancer par la route de Buyuk—Derbent—Vaïssal.

« Avant l'arrivée de ces troupes, des comitadjis bulgares avaient incendié les villages musulmans de la frontière, Hadjilar, Tekié, Hadji-Danishmend, Sari-Talishman, Seymen, Suleïman-Danishmend, Malkoutchlar, Dévlékli-Agatch, Buyuk et Kutchuk-Kanara, Kizildjikli, etc.

« Notre cavalerie, pied à terre, disputait avec acharnement le terrain à l'infanterie de l'ennemi, ne le cédant que pouce par pouce ; celle-ci ne put avancer en quatre jours que de 15 kilomètres. Durant toute une journée vingt-quatre cavaliers arrêtèrent tout un bataillon.

« Le jour même de la déclaration de guerre, un de nos escadrons, pied à terre, attaqua un blockhaus, le prit, se battit jusqu'au soir contre deux bataillons et se retira en ordre parfait, sans être poursuivi, après avoir brûlé le blockhaus.

« Dans la nuit du 19 au 20 j'assistai à un épisode extraordinaire. Deux soldats bulgares ottomans de notre cavalerie avaient déserté.

Nous étions au contact serré avec l'ennemi. Une patrouille commandée par un de nos sergents pénétra par mégarde dans les lignes bulgares, se croyant chez elle. La persuasion du sergent était d'autant plus grande, qu'il vit à ce moment même, se chauffant près du feu de bivouac, les deux déserteurs en uniforme de l'armée turque ; il s'approcha, leur donna le salut, puis, s'étant tout à coup aperçu de sa méprise, avec un sang-froid étonnant, il tua l'un d'eux d'un coup de pistolet, saisit l'autre à la gorge et le ramena chez nous sans avoir été poursuivi.

« Les villageois musulmans s'enfuyaient, abandonnant leurs demeures, emmenant leurs troupeaux et accumulant dans leurs charrettes toutes leurs pauvres hardes. Passant dans les villages bulgares, ils les brûlaient et les pillaient. Ce qui restait d'animaux fut mangé par les troupes ; ainsi le vilayet d'Andrinople est aujourd'hui vidé de tous ses habitants, ruiné de façon complète pour dix ans au moins.

« Notre division, sous le commandement de Salih pacha, qui, durant toute la guerre, fit preuve d'une grande bravoure, se retira jusqu'à Mosatch, à quarante kilomètres de la frontière, mais sans jamais perdre le contact avec les Bulgares. Nous apprîmes alors que notre infanterie

venait nous soutenir, et, le 21, nous avançâmes
de nouveau dans la direction nord-ouest.

« Le 22, nous combattîmes à l'aile gauche du
4ᵉ corps d'armée (journée de Kirk-Kilissé), nous
étions engagés entre Getch-Kiuli et Ortaktche.
J'observais toute la bataille ; un moment nous
fûmes pris entre l'aile droite bulgare et une forte
colonne ennemie, exécutant un mouvement tournant ; celle-ci fut arrêtée par quelques-uns de
nos escadrons pied à terre, tandis que le gros
soutenait vigoureusement l'aile gauche. Le soir,
sur tout le front, les Bulgares reculaient. Persuadés de la victoire, nous nous étions retirés la
nuit derrière l'infanterie, quand, à notre grand
étonnement, nous entendons une fusillade violente et, nous étant portés en avant, nous trouvons sur la route une masse de fuyards. Nous
apprenons au matin que deux bataillons se sont
fusillés réciproquement se prenant l'un l'autre
pour l'ennemi et ont causé cette panique. Cependant nous espérions reprendre le lendemain
l'offensive et une division du 4ᵉ corps d'armée
réoccupa la position d'Askeuï. La plùpart des
blessés et des morts de la nuit avaient été frappés par des balles turques. Ils furent abandonnés
aux mains des Bulgares, au cours de la panique,
et par suite de la mauvaise organisation du

Croissant Rouge. Durant la journée, un soldat d'une patrouille vint me dire que son sergent avait été blessé et qu'il l'avait laissé dans une hutte. C'était un très bon sous-officier, très brave et que j'aimais beaucoup. Je me rendis au lieu qui m'avait été indiqué en compagnie d'un docteur. Nous le trouvâmes avec le nez et les oreilles coupés, et on lui avait de plus enfoncé une épée dans l'épaule dont la pointe ressortait par le ventre. Il vivait encore et ne se rendait pas compte de son état, nous suppliant de ne pas le laisser là.

« Le lendemain 23, nous avancions toujours, quand un courrier d'Abdullah pacha vint nous ordonner de battre en retraite sur Lulé-Bourgas. Nous n'y comprenions rien et nous étions exaspérés. Ce fut le colonel Veit, officier allemand au service de la Turquie, commandant le 1er lanciers, qui nous expliqua que notre aile droite avait dû être battue. Nous n'en eûmes confirmation que huit jours après. L'ordre disait de se retirer rapidement. Nous marchâmes trois jours par le vent, la pluie, le froid. Un corps d'armée presque tout entier périt durant cette retraite, à peu près sans avoir combattu. Les Bulgares ne nous poursuivirent pas. Sans doute eux-mêmes avaient dû se considérer comme battus, car ils

brûlèrent tous leurs approvisionnements, et
c'est après quarante-huit heures d'incertitude
qu'ils apprirent notre retraite et se décidèrent à
avancer.

« Le 26 octobre, le 1er, le 3e et le 4e corps
d'armée s'étaient retirés derrière Lulé-Bourgas.
Nous reçûmes l'ordre de rejoindre Mouktar
Pacha près de Viza, et les 30, 31 octobre et
1er novembre, nous participâmes à la bataille
de Tchongra. Seul le 3e corps, commandé par
Mouktar pacha, avait derrière soi une chaussée
pour son ravitaillement (route Viza—Kirk-
Kilissé). J'assistai là à l'assaut héroïque donné
par le centre du 3e corps à la colline, cote 400,
au nord de Tchongra, qui fut enlevée à la
baïonnette.

« Le 1er corps d'armée ne put malheureusement
appuyer ce mouvement faute de vivres et de
munitions. Une quantité d'officiers moururent
dans cette bataille ; le 1er régiment de la 1re division en perdit 15 ; il n'y en avait plus dans tout
le corps d'armée que deux ou trois par bataillon.
J'ai rencontré un lieutenant commandant un
régiment.

« Le 1er et le 2e corps commencèrent à se
retirer à cause du manque de nourriture. Des
officiers nous imploraient en passant. Il pleuvait

toujours, et tout ce monde demeura toute la nuit dans la boue sans rien manger. Pendant ce temps les Bulgares avaient à leur disposition le grand dépôt de Kirk-Kilissé, que, par une impardonnable faute, on avait oublié d'incendier.

Mouktar pacha nous avait donné l'ordre de rejoindre le 17e corps dont il avait de mauvaises nouvelles. Nous trouvâmes sur la route les convois d'approvisionnements enfoncés dans la boue, ne pouvant avancer ni reculer.

« Mahmoud pacha (Mahmoud pacha n'est pas le même que Mahmoud Mouktar ; tous deux ont d'ailleurs fait preuve, durant la guerre, d'une égale bravoure) montra dans cette bataille de Tchongra un grand courage, s'exposant personnellement, essayant de retenir ses soldats qui, n'ayant pas mangé depuis tantôt trente heures, couraient de-ci de-là, suppliant qu'on leur donnât des vivres.

« Le 1er novembre, dans l'après-midi, Mahmoud Mouktar reçut l'ordre de se retirer. La pluie recommença. On dut laisser sur la route quantité de munitions. Cependant nous autres cavaliers ne perdions pas le contact avec l'ennemi. Les Bulgares, incertains de leur victoire, ne poursuivaient pas; même ils avaient commencé de faire des travaux défensifs sur leurs

positions. Notre division se retira lentement
devant eux, les retenant facilement lorsqu'ils
avançaient, car ils ne se souciaient pas de rien
risquer. Jamais leur cavalerie ne se sépara de
l'infanterie. Nous arrivâmes ainsi livrant de
fréquents combats jusqu'à Tcherkeskeuï.

« Un camarade, qui s'est trouvé sur d'autres
points durant la bataille de Lulé-Bourgas, m'a
dit que sur l'aile gauche la cavalerie avait
empêché à elle seule, durant plus de trois heures,
les forces bulgares de se porter sur la ville, puis,
attaquant un corps important qui s'avançait le
long du chemin de fer, l'avait chargé et contraint
à se retirer précipitamment sous la protection
de son artillerie. Le deuxième jour de la bataille,
à l'extrême aile gauche, elle fit échouer un mouvement tournant de fortes colonnes bulgares.

« Après quoi la cavalerie défendit encore
Tchorlou avec l'appui d'un seul bataillon d'infanterie devant l'attaque de toute une division
bulgare, cela sans ordre d'avoir à le faire, par
pur esprit de cocarde, infligeant de fortes pertes
à l'ennemi, à telles enseignes qu'il fut obligé
d'attendre, pour enlever le village, l'appui de son
artillerie.

« Le manque de cohésion dans notre armée,
la quantité des rédifs mêlés aux troupes de

l'active ont tout perdu. Dans la retraite, nous rencontrions ces malheureux par milliers, errants, cherchant leur bataillon, et si, nous autres officiers, les interrogions ou même les menacions, leur disant : « Où vas-tu ? est-ce que tu fuis ? » nous nous entendions répondre : « Mon père, « mon bey, je ne fuis pas, mène moi à l'ennemi « pour me battre, mais j'ai faim, grand'faim et je « ne retrouve plus mon bataillon. » Les bras nous tombaient.

« De Lulé-Bourgas en passant par Baba-Eski, nous trouvâmes la ville dévalisée par les émigrants musulmans, et de même Alapia incendiée. Il y eut une petite bataille entre les émigrants et la population chrétienne. Sur la route, près de Saretchal, je vis des soldats assis la cigarette à la main, et qui étaient morts, le crâne ouvert par derrière, assassinés par les paysans. Nous brûlâmes le village. Le 29, à Asboagh, qui est un foyer de comitadjis, les villageois avaient achevé les blessés. En cherchant de l'orge pour nos chevaux, je trouvai des uniformes d'officiers qui avaient été assassinés, encore tout pleins de sang et qu'à notre arrivée on avait dissimulés. Sur la route de Saraï à Viza, j'ai compté plus de deux mille morts de froid et de faim. »

— Au trot de mon cheval je fixe, comme je

peux, sur mon carnet, ces notes décousues, mais si directes, qui montrent la guerre par son détail, vu de tout près, éprouvé profondément, et non par son grand côté stratégique qui s'arrange à loisir, s'explique après l'affaire faite et que deux yeux, si bons qu'ils soient, ne suffisent pas à saisir tout entier.

Je transcris à la hâte, sans ordre. L'officier qui me conte ainsi ses souvenirs, si proches, d'un mois de campagne est un jeune homme de taille élevée, amaigri par les privations qu'il a dû supporter. Ses yeux sont comme noyés de tristesse. « Ah ! me dit-il, j'aimais tant mon métier de soldat, j'avais une telle confiance dans la victoire ! Je suis brisé, las de tout ce que j'ai vu d'épouvantable. » Mais aussitôt il se reprend ; il sent qu'un soldat ne doit pas s'abandonner, fût-ce à un moment de défaillance, qu'il ne doit jamais s'avouer vaincu. Aussi bien il ne l'a pas été ! Cette division de cavalerie à laquelle il appartient, décimée par les balles et les shrapnells, elle a combattu chaque jour depuis le commencement de la guerre, sauvant non seulement l'honneur, mais retenant l'ennemi, abritant derrière elle la retraite de l'armée, gardant son moral intact. « Notre division, me dit l'officier, elle a été conduite à la française, avec gaieté,

avec bonne humeur, avec un entrain endiablé ;
au milieu de toutes les misères, malgré ses
deuils, elle a conservé ces qualités qui sont de
chez vous. Cela, je voudrais que vous l'eussiez
vu, que vous le disiez, que vous l'ayez senti à la
chaleur de l'accueil que nous vous avons fait au
milieu de nous ! »

La bataille de Tchataldja

—

17 novembre, Constantinople.

Très forte canonnade sur toute la ligne et que l'on entend de Constantinople. Une certaine anxiété commence à se peindre sur les figures des habitants de Péra.

*
* *

18 novembre au matin, 5ʰ3o.

L'amiral français, doyen des officiers commandant les vaisseaux de guerre des diverses nations, et qui a ici titre de commandant de rade, fait donner l'ordre de débarquer les compagnies de marins qui doivent occuper la ville. La musique du vaisseau amiral, le *Léon-Gambetta,* joue les hymnes des nations représentées et le débarque-

ment commence ; je vois les divers détachements
se rendre à leurs postes. Il fait encore nuit complète.

Les compagnies de débarquement ont occupé
les principaux points de la ville. Les canons du
Victor-Hugo sont braqués sur les deux ponts de
Galata qu'ils feraient sauter au cas qu'une
émeute éclatât à Stamboul et que la population
surexcitée menaçât la ville européenne.

L'impression produite à Péra a été curieuse.
La foule cosmopolite voyant qu'on s'organisait
pour sa défense s'est sentie en danger. Les
figures étaient anxieuses ; on se pressait aux
portes des consulats et des ambassades : « Les
Bulgares ont rompu les lignes de Hademkeuï,
ils arrivent ; l'armée vaincue reflue sur Constantinople ! » Les bruits les plus divers couraient, grossissaient, devenaient montagnes. Un
rien, moins qu'un coup de pistolet, un cri
poussé trop haut au milieu de cette foule y eût
suscité des paniques.

— J'ai racheté un cheval, fait quelques provisions, retrouvé une partie de ce que j'avais
perdu et repars demain pour Tchilinguir.

— On m'apprend qu'un certain nombre de
membres du comité Union et Progrès ont été
arrêtés. Ils prétendaient, assure-t-on, renverser

le Gouvernement et établir la République. Je
n'y puis croire ; mais il n'eût plus manqué que
cela ! Ainsi, tandis que les Bulgares sont à
quarante kilomètres de Constantinople, les partis
s'y entre-dévorent, chacun ne songe qu'à ac-
quérir une place ou à conserver la sienne ; les
passions politiques, les intérêts particuliers, les
haines individuelles empêchent de voir la mort
toute proche par les épidémies qui menacent la
ville et y ont déjà pénétré, ou l'arrivée immi-
nente de l'ennemi, à l'instant même où le bruit
continuel et formidable des canons fait trembler
les vitres.

*
* *

Mardi 19 novembre.

Je pars au petit jour, emportant avec moi le
minimum de bagage, et bien résolu cette fois à
ne le point quitter. Il fait un temps d'automne
admirable. Nous passons par les eaux douces
d'Europe, le ciel est limpide, à peine parsemé
de flocons de petits nuages blancs montés de la
terre humide ; l'eau est un peu ridée par la brise.
Pas de soldats, point de cholériques, une vallée

idyllique avec des kiosques, de petits cafés et leurs consommateurs habituels aussi tranquilles et peu loquaces que jamais.

On entend le canon dans le lointain.

A 25 kilomètres à peu près, vers Arnautkeuï, des convois de blessés commencent à défiler, des malades, des soldats épuisés qui s'en retournent, ils ne savent où, vers la grande ville, et que l'on arrêtera aux portes pour les renvoyer vers le champ de bataille.

Un vieux à barbe blanche, en turban vert, portant un croissant au bout d'une lance, entouré de quelques hommes dont il paraît le chef, nous fait un discours. C'est un Laze des bords de la Mer Noire, engagé volontaire, et qui, nous dit-il, en compagnie de quelques camarades, recrutés par lui dans le pays, est venu ici, a fait merveilles à la bataille, pris des canons, des fusils, des chevaux, tué je ne sais combien d'ennemis ; il en jure par le Dieu tout-puissant ! Mais il s'en va parce qu'il ne comprend rien à cette guerre et parce qu'on ne lui témoigne pas assez de déférence. Il n'en était pas ainsi autrefois. « Pour moi, dit-il, je sais bien que les Bulgares ne viendront pas prendre mon pays ; si je suis venu combattre ici, c'est pour la terre d'Islam ; mais on ne sait plus aujourd'hui pourquoi on donne son sang. Dans mon jeune temps, avant la bataille, on faisait un sacrifice de moutons, l'iman disait une prière et nous nous jetions en avant pour Dieu qui nous a promis la conquête du monde et pour le paradis ; maintenant, plus de sacrifices de moutons, plus de prières ! On se bat, dit-on, pour le « comité » ou pour « Uriet » (la liberté) ; mais je ne les ai jamais vus. Est-ce que nous n'avons donc plus notre Padischah, notre Kalife ? Tout cela est incompréhensible pour nous. C'est Dieu qui nous punit de l'avoir oublié, car les Bulgares ne nous ont jamais vaincus. »

Et presque tous parlent ainsi, les mourants que l'on jette par tas le long de la voie du chemin de fer et sur qui on ne fait même pas une prière : « Dieu ! Dieu ! » murmurent-ils, tordus par les convulsions, et il semble que rien ne leur réponde, qu'on leur ait enlevé même cela. Quoi, perdre encore le paradis, et pas un peu de terre sur soi pour reposer jusqu'à la résurrection, pas une pierre, avec un turban au sommet, affirmant qu'on a été un bon, un fidèle musulman, pas une prière ! un corps abandonné aux chiens errants qui n'attendent pas même que les yeux soient fermés (je l'ai vu), ou aux oiseaux voraces.

Il en passe des nuées sur Constantinople de ces corbeaux, de ces charognards accourus de toutes les parties du monde vers les champs de ripaille de Tchataldja, de Lulé-Bourgas, de Tchongra. Ils emplissent le ciel, couvrent les arbres, se reposent par étapes, mangeant un bon morceau de-ci de-là avant d'arriver à la grande curée.

A Tchilinguir, je retrouve la brigade de cavalerie indépendante, et voici ce que me racontent les officiers au sujet des événements des journées de dimanche et lundi :

« Dans la nuit du dimanche 17 novembre, les Bulgares ont attaqué les avant-positions de notre aile droite, profitant du brouillard pour s'approcher, mais ils ont été repoussés à la baïonnette.

« A 6ʰ 30 du matin, a commencé un violent combat d'artillerie qui a duré toute la journée ; l'ennemi a tenté de s'avancer sous la protection de ses canons avec une force difficilement appréciable, mais que l'on estime à deux divisions ou deux divisions et demie. C'est entre 10 heures du matin et 3 heures de l'après-midi que la canonnade a été la plus violente et que l'attaque de l'infanterie a pris toute son intensité. Cette attaque était dirigée principalement contre les

positions de Mahmoudié, et les Bulgares s'avançaient d'Ezetin vers les lignes turques. Deux batteries ennemies amenées dans la plaine se sont
tues et ont été abandonnées, mais sans que nous
puissions nous en emparer à cause du feu violent de l'infanterie dissimulée derrière une crête
d'où elle dominait la plaine. Le feu de notre
artillerie a été très précis et très efficace, autant
au moins qu'on puisse en juger de ce côté-ci.

« Nos deux batteries de Mahmoudié, qui étaient
le but principal de l'artillerie bulgare et sur lesquelles elle concentrait son feu, n'ont pu être
réduites au silence et n'ont pas eu un seul canon
démonté. Les shrapnells tombaient jusque près
du fort de Mahmoud pacha où se trouvaient les
attachés militaires. En arrière de Mahmoudié,
une batterie du Creusot, de celles prises aux
Serbes avant la déclaration de guerre, a joué un
rôle important dans le combat. On a pu également se servir avec ces canons de projectiles
Krupp et de projectiles français, tandis que les
shrapnells français ne peuvent être utilisés avec
les canons allemands. Le moral des troupes était
excellent, incroyable, si l'on pense à la déroute
des jours précédents et aux ravages du choléra.

« La canonnade continua dans la nuit du
dimanche au lundi. Même brouillard que la

veille, à la faveur duquel les Bulgares progressèrent à nouveau contre notre aile droite. Au petit jour le général Mahmoud Mouktar pacha, visitant ses avant-lignes de bataille, fut blessé deux fois et laissé un certain temps pour mort sur le champ de bataille. »

Le commandant d'état-major Salaheddine bey, blessé en même temps que Mahmoud Mouktar, m'a fait de cet épisode de la guerre le récit suivant :

« Nous avions, durant toute la journée du dimanche 17, repoussé victorieusement les assauts répétés de l'ennemi ; la nuit vint ; les avant-postes des deux armées restèrent très proches les uns des autres, se dissimulant dans le terrain coupé et broussailleux. Le général, sentant la position favorable et l'ennemi fatigué, avait résolu de prendre l'offensive. Vers 4 heures du matin, il m'envoya visiter nos avant-postes, je revins vers 5 heures ayant tout examiné et lui fis mon rapport. Il commanda ses chevaux et me dit : « Je veux aller tout voir par mes propres yeux, parler aux soldats et préparer l'attaque. » A la pointe de l'aube nous montâmes à cheval. Le brouillard était assez épais ; je guidais le général et lui indiquais chaque point occupé par nos troupes quand, tout à coup, quelques coups de feu éclatèrent tirés dans notre direction ; nous crûmes à une erreur et continuâmes d'avancer ; le feu redoubla ; à cinq cents mètres de nous, du fort d'Iléré Tabia où, deux heures auparavant, j'avais laissé les soldats turcs, on tirait sur nous. Nous nous précipitâmes au galop, criant : « Arrêtez, arrêtez, n'avez-vous « pas honte ? vous allez tuer le général », et nous nous trouvâmes soudain à trente ou quarante mètres de soldats bulgares et d'officiers. Il y avait là un bataillon. A la vue des képis, mes camarades comprirent leur erreur et firent volteface ; je voulus faire de même, mais mon cheval, sans doute blessé, n'obéit pas à la bride, je me jetai à terre sous la fusillade, essayant de me dissimuler et, en un instant, je reçus trois balles, une dans le bras, une qui me traversa la main, une autre dans la jambe. Je demeurai à terre, et, à ce moment, nos positions voisines ouvrirent le feu sur les Bulgares qui se réfugièrent dans les tranchées et n'en bougèrent plus, arrosés par les shrapnells. »

Et un autre officier ajoute ces détails pittoresques : « Le général tombé à terre restait exposé au feu des deux partis, lorsqu'il vit ramper auprès de lui un soldat turc, sans doute un survivant de l'attaque de la nuit. Il avait conservé

son fusil. — « Pose là ton fusil, lui dit Mahmoud
« Mouktar, et traîne-moi par les pieds jusqu'à ces
« buissons, là derrière. — Mon pacha, répondit
« le soldat, si par malheur je perdais mon fusil, je
« serais puni sûrement, et comment me permet-
« trais-je de traîner mon général par les pieds ?
« Cela, je ne le puis pas ; mais je vais rester au-
« près de vous pour vous défendre. » Et, comme
Mahmoud Mouktar avait perdu son kalpack, indigné sans doute qu'un pacha et bon musulman
eût le cuir chevelu sans abri, le soldat voulu lui
mettre le sien sur la tête ; mais, comme celui-ci
était fort crasseux et pouilleux, Mahmoud Mouktar le rejeta d'un revers de main. Et le soldat
se recoiffa tranquillement, demeurant étendu
auprès de son général et lui roulant des cigarettes qu'il lui passait l'une après l'autre, jusqu'à
ce que des tranchées les plus proches vinssent
d'autres soldats, avec un brancard, qui trans-
portèrent le blessé à l'abri du feu de l'ennemi. »
« Quant à moi, reprend Salaheddine bey, je demeurai là cinq heures durant, jusqu'à ce que les
nôtres, ayant attaqué à la baïonnette, eussent
cerné et massacré le bataillon bulgare par lequel
nous nous étions si malencontreusement fait
fusiller. Comment cette erreur et cette confusion
étaient-elles advenues ? Sans doute ce bataillon

s'était avancé de nuit, avait perdu sa liaison avec les autres forces bulgares et, venant donner à l'improviste contre une position turque, avait payé d'audace et attaqué celle-ci. Les nôtres, une compagnie de rédifs, s'étaient laissé massacrer ou avaient fui devant les baïonnettes, et sans que nous entendissions ni apprissions rien du combat. » Au centre et à gauche, le duel d'artillerie continua durant la journée du lundi. Du côté turc, trois navires de guerre y participaient, empêchant tout mouvement des Bulgares sur la route qui passe par Buyuk Tchekmedjé. D'ailleurs, sur le secteur gauche, l'offensive est à peu près impossible, à cause de la nature marécageuse du terrain.

*
* *

Mardi, 19.

Canonnade et escarmouches. On a fait quelques prisonniers qui se plaignent de la faim et disent que l'armée bulgare est, elle aussi, décimée par le choléra. Il semble en effet qu'il n'en puisse être autrement. Les villages occupés aujourd'hui par les Bulgares ont été contaminés par le passage des troupes turques ; les ravitaillements doivent aussi devenir bien difficiles pour cette armée, dans un pays dévasté, vidé de ses habitants.

*
* *

Mercredi, 20.

Du fort de Mahmoud pacha, je vois les shrapnells turcs tomber sur Ezetin où sont les Bulgares et les shrapnells bulgares éclater près de Nakeskeuï.

Au centre, quelques avant-positions ennemies sont occupées. Un bataillon fait une attaque à la baïonnette au cours de laquelle une centaine de Bulgares sont tués.

Le choléra diminue ; sur la route je rencontre encore quelques charrettes de morts et de mourants amoncelés les uns sur les autres, mais ce n'est plus l'interminable procession des jours passés.

Les troupes ont repris de l'entrain, et, si l'on peut dire, une certaine bonne humeur. Partout sur les lignes retentit le cri poussé par des milliers de poitrines : *Padischah tchok yasha* (longues années au Padischah). Enfin les Bulgares ont reculé.

*
* *

Jeudi, 21.

Le colonel commandant la brigade indépendante de cavalerie, Ibrahim bey, me dit que, des ordres très sévères ayant été donnés au sujet de la présence des correspondants de guerre sur le front, il se voit, à son grand regret, obligé de m'envoyer à l'État-major général où l'on décidera de moi. On m'y reçoit fort bien et on me permet de demeurer sur le front, à condition que j'accompagne les attachés militaires et que j'habite à Hademkeuï. Mais ce village est vraiment par trop infesté de choléra; je demande d'aller établir mon campement à trois quarts d'heure de là, dans un village tartare, à Sasli Bostan, en compagnie de deux confrères, M. Franz de Iessen, ancien correspondant de *L'Illustration* à Copenhague, envoyé ici par le journal danois le *Riet*, et le major comte Schwerin, correspondant suédois. Nous sommes les trois seuls journalistes qui demeurions sur le front.

Tout va, petit à petit, s'organisant au camp turc. Les soldats sont enfin nourris; les services de santé, à peu près constitués, ont tenté d'enrayer l'épidémie par des moyens moins simplistes que ceux qui consistaient à laisser périr purement et simplement tous les malades même les plus légèrement atteints, même ceux qui avaient simplement la langue un peu chargée, sans leur donner à manger, sans leur donner à boire, sous prétexte que la plupart étaient des fuyards de Kirk-Kilissé ou de Lulé-Bourgas et que Dieu reconnaîtrait bien les siens. En tout cas, le choléra diminue. Il était temps. On m'affirme de bonne source qu'il a péri dans ces huit jours plus de 17.000 hommes. J'ai raconté bien des détails atroces, mais j'ai passé sous silence les plus épouvantables; cela ne peut se dire ni s'écrire, et il vaut mieux ne pas même le faire repasser dans sa pensée.

J'entre sous la tente de Tewfik bey Kibrizli, aide de camp de Nazim pacha et qui a été attaché militaire à Paris : « J'ai attrapé hier, me dit-il, une indigestion suivie de coliques et de vomissements; si j'avais été simple soldat on me mettait avec les cholériques et j'étais fichu. » Après quoi il m'explique que la guerre est une chose affreuse, qu'il la faut supprimer, et qu'il a conçu dans ce but un grand projet : c'est de faire construire un collège international aux frais de tous les richards et même de tous les pauvres du monde entier; on réunirait là des représentants des diverses religions, curés, bonzes, talapoins, hodjas, prêtres guèbres, pasteurs et autres prédicants, et on les y retiendrait jusqu'à ce qu'ils se fussent accordés. Tant que cet heureux événement ne se serait pas produit, il serait entendu que la guerre ne pourrait être déclarée; et l'on sait bien qu'il ne se produirait jamais. Mais enfin, si tous ces clercs multicolores parvenaient un jour à s'entendre, les causes principales de conflits, haines de race, haine de religion auraient ainsi disparu, et la paix universelle serait à peu près assurée en dépit du diable même. Lors de son séjour à Paris, il avait soumis un si beau plan à Albert Vandal et à Paul Leroy-Beaulieu, qui l'avaient insuffisamment écouté. Il y rêvait encore en dépit de la colique et au son du canon de Tchataldja.

On peut se faire une idée à peu près exacte, d'après cette anecdote, de ce qu'un cerveau turc, « vieux turc » ou « jeune turc » indifféremment, conçoit d'habitude par idées modernes. Ce qu'il y a de plus sot et de plus bas en France, un franc-maçon de Paris ou de province, un élève de M. Jaurès possèdent auprès de celui-ci un sens incomparable des réalités.

Je passe la journée au fort de Mahmoud pacha. Nous regardons tomber les shrapnells. A notre gauche, les Bulgares ont dû envoyer des patrouilles dans la direction de Mahmoudié, ou dessiner une attaque : une courte fusillade éclate accompagnée du crépitement des mitrailleuses.

Installation à Sasli Bostan, chez des Tartares, assez honnêtes gens. Les femmes sont invisibles, les hommes, un vieux et un jeune, suffisamment patriarcaux. Il y a une nuée d'enfants, fort jolis, avec de grands yeux bleu céleste, mais dont quelques-uns hurlent jour et nuit. Mes chevaux sont à l'abri ; mes deux hommes partagent ma chambre, si j'ose m'exprimer ainsi. On dit qu'il n'y a pas trop de cholériques dans le village. Il doit être charmant en été : des vergers, des jardins potagers, quelques beaux arbres, un horizon de collines, une source limpide non éloignée. Aujourd'hui, c'est moins beau.

*
* *

Vendredi, 22.

Je pars dès le matin pour me rendre au fort de Mahmoud pacha d'où la vue s'étend sur le champ de bataille, et au delà duquel on ne nous laisse malheureusement pas aller. Le commandant des deux batteries de Mahmoudié vient noús voir et fait apporter quelques shrapnells aux attachés militaires. En trois jours les Bulgares ont tiré deux mille coups contre ses batteries qui, bien dissimulées, n'ont pu être réduites au silence. Il y a eu seulement deux servants tués, l'un d'un éclat de shrapnell, l'autre par l'obus lui-même qui l'a frappé à la tête.

Vers midi, je vois deux escadrons de cavalerie poussant une pointe dans la direction d'Ezetin. Ils descendent de Nakeskeuï et, comme ils traversent le vallon, l'artillerie bulgare, dont je ne puis déterminer la position, leur envoie une vingtaine de shrapnells bien dirigés ; la distance est exactement appréciée, mais les cavaliers prennent le galop et ont déjà passé, perdant seulement deux chevaux.

On parlait hier d'armistice, mais il paraît qu'étant données les conditions inacceptables faites par les Bulgares, annexion pure et simple des pays conquis, la proposition a été rejetée à l'unanimité.

Je me rends au 2e corps (général Hamdi pacha), où vient d'arriver Féthi bey. Après douze mois de guerre en Tripolitaine, il est accouru ici se battre encore. Croyez-vous que quelqu'un l'attendait à son arrivée à Constantinople, que quiconque se soit occupé de ce qu'il a fait en Tripolitaine pour l'éternel honneur de l'armée turque ? Point du tout ! Au contraire, il a fallu cent paperasseries, le double de discussions et autant de formalités pour qu'il pût se rendre sur le champ de bataille, et, le soir de son arrivée à Stamboul, on l'arrêtait, 11 heures étant passées, comme il rentrait à son hôtel. Et, comme il disait au chef du poste de police : « Je suis Fethi bey ». — « Qui ça, Fethi bey ? » répondit celui-ci. Je le retrouve comme on retrouve un ami, il semble profondément triste. « Je suis heureux de vous voir, me dit-il, mais enfin, ce n'est pas ici, dans de telles circonstances, que je l'avais souhaité. » Et très gravement : « Vous vous trouvez au milieu d'une armée qui n'a pas fait son devoir. »

Je lis dans ses yeux ce qu'il pense : « Si j'avais su trouver pareil spectacle, je ne serais pas revenu ! » Il travaille, il travaille sans relâche, même la nuit, campé sous une misérable tente, les pieds dans la boue, enveloppé dans une grande vareuse, glacé par ce passage soudain de la fournaise tripolitaine à ce pays humide, brumeux, balayé par le vent du nord ; et tout de même, il ne désespère pas, il ne veut pas croire que la partie soit perdue !

On rencontre en Turquie quelques hommes si

complets, d'un si grand cœur, d'un si grand courage, si simples, si loyaux, d'une si parfaite délicatesse et dont la personne exprime si bien tout cela qu'on ne peut s'empêcher d'aimer les Turcs et d'oublier ce que l'on vient de voir. Et il faut dire mieux que quelques hommes, c'est le plus grand nombre qui vous inspire un tel sentiment. Ils ont apporté au service de leur pays, leur bonne volonté, leur courage, leur héroïsme même, mais la patrie a manqué à ses enfants; ils n'ont trouvé ni organisation, ni gouvernement, ni intendance, ni services médicaux, ni munitions. Ceux qui en étaient chargés disputaient de politique, d'élections, de droits de l'homme, de métaphysique et de théologie. Encore une fois, ici les institutions ont corrompu les hommes.

*
* *

Samedi 23.

Canonnade intermittente. Il y a eu cette nuit quelques escarmouches. Des volontaires kurdes ont rapporté une centaine de fusils pris à l'ennemi. Mais l'accalmie est de plus en plus sensible. Évidemment, les Bulgares sentent que sur ces positions défensives de Tchataldja, gardées maintenant par une forte artillerie et par cent mille hommes, ils risquent de s'user inutilement. Ils croyaient trouver devant eux des troupes usées, démoralisées ; mais repoussés à la rude affaire de dimanche, ils semblent ne pas vouloir insister. Vont-ils porter maintenant leurs efforts du côté de Gallipoli et prendre à revers les Dardanelles avec l'appui de la flotte grecque ? C'est possible. Leur échec devant Tchataldja est au moins chose certaine.

Il pleut et il fait froid, les malheureux soldats semblent glacés. Ils s'enveloppent, s'enroulent dans tout ce qu'ils peuvent trouver, chiffons autour des jambes, vieilles capotes, capuchons ramenés sur les yeux, serre-têtes noués autour des oreilles, et ils demeurent immobiles ou avancent là dedans, gauches, engoncés, avec des ventres, des derrières ou des dos monstrueux, des protubérances faites de tout ce qu'ils ont accumulé de hardes pour se préserver du froid ; et ils sont gris, couleur du temps, de la terre et du ciel ; et leur figure est livide, creusée par la fièvre et la fatigue, par trop de privations : depuis quarante jours, coucher dans la boue, ne pas manger, se battre sans espoir, sans y rien comprendre !...

Partout la terre légèrement remuée indique

que l'on vient d'enterrer des cholériques, mais il y a aussi ceux qui sont morts de-ci, de-là, s'éloignant pour cacher leur mal, cherchant je ne sais quel abri, quelle solitude, quel refuge, et dont les cadavres, guettés dès avant la mort par les chiens féroces, sont demeurés ; et il y a les innombrables charognes de chevaux, et il y a enfin l'innommable fumier des centaines de milliers d'hommes, émigrants, soldats qui ont passé, campé, vécu, qui ont agonisé là, tous en proie à la colique ; il y en a autant que de boue et c'est là dedans que l'on marche et c'est ce que fait gicler l'essieu des chariots.

Il faut dire, à l'honneur de l'armée turque, que, malgré tout cela, elle s'est trouvée debout pour défendre ses positions durant toute cette semaine, et si bien que les Bulgares ont dû reculer. On dira qu'ils ont eu peur du choléra, qu'ils n'ont pas donné tout leur effort. On n'avance pas cependant sans raison ni but pour reculer ensuite. La vérité, c'est qu'ils croyaient trouver devant eux une armée anéantie physiquement et moralement, et que, contrairement à ce qu'ils attendaient, elle s'était en quelque sorte régénérée, et qu'ils ont dû plier devant elle. Pour moi qui l'ai vu, c'est un spectacle incroyable, même lorsque l'on sait depuis longtemps que

les Turcs sont les hommes du surlendemain, les
ouvriers non pas de la dernière heure, mais de
la seconde qui va expirer et qu'ils y font quelquefois des prodiges. Après Kirk-Kilissé, après
Lulé-Bourgas, après Viza, je ne pouvais pas
croire à une résistance possible à Tchataldja,
surtout après y être passé moi-même et n'y avoir
vu ni troupes, ni travaux, ni canons, après avoir
assisté à la retraite, vu le choléra décimer, abattre
les soldats par milliers.

Le général Olmsen, attaché militaire russe,
qui, du fait de sa nationalité, doit être sympathique aux Bulgares, dit que, l'ayant vu dans la
défaite, il conserve pour le soldat turc la même
admiration que par le passé.

Le colonel Maucorps m'invite à dîner dans le
coupé du wagon-lit où sont installés les attachés
militaires. On vous désinfecte, on vous stérilise
à l'entrée, des pieds aux cheveux.

De la fenêtre, je regarde passer un chariot
portant des cholériques, tiré par deux buffles et
conduit par deux gendarmes en tunique bleue.
Le chariot s'arrête, une roue s'est brisée ; les deux
conducteurs regardent, examinent lentement, se
consultent ; ils tentent une réparation avec des
cordes et des ficelles ; cela casse au premier pas.
Que faire ? On se consulte encore, on roule une

cigarette ; ces embarqués pour la mort ne sont pas pressés en somme ! Enfin, l'un des conducteurs les interpelle, il s'est dit : « Je vais faire descendre les moins agonisants et on tâchera d'avancer avec le reste » ; il les pousse de la main ; je comprends ou je devine ce qu'il dit : « Allons, camarades, la roue est cassée, on ne peut pas tout le temps se promener en voiture, il faut descendre et donner un petit coup de main. » Les autres refusent de rien entendre. Oh ! mon Dieu, ils ne refusent pas, ils n'entendent pas et voilà tout. Que faire encore ? On refume une cigarette. Je descends photographier le chariot en panne ; le conducteur me regarde sans colère ni étonnement. Son compagnon, ne voulant pas s'asseoir par terre, s'est allongé au milieu des cholériques et, nonchalamment accoudé sur l'épaule de l'un d'eux, fume aussi sa cigarette. Par-dessus les ridelles de la voiture, il y a des bras et des têtes qui pendent ou des manches vides ou des capuchons. Ah ! ces mourants ont les attitudes de ceux qui ont tout oublié, tout perdu et qui se sont couchés sans plus de souci d'eux-mêmes ni de ce qui était autour d'eux. Ce chariot semble maintenant devoir rester là jusqu'à la venue d'Azraël, s'il s'y risque. Mais l'un des conducteurs essaie de

remuer ses voyageurs et tente de les descendre.
Il les prend à bras le corps : en voici un de des-
cendu, couché sur le flanc dans la boue, puis un
autre à quatre pattes, un troisième les mains sur
ses cuisses et avançant ainsi, traversé de crampes
affreuses ; tout de suite ils éprouvent le besoin
de se vider, et le conducteur les prend, les soutient dans ses bras, les déboutonne, les soutient
accroupis puis leur remet la chemise dans le pan-
talon, renoue le grand cordon qui serre celui-ci
autour des reins. Cela a duré plus d'une heure.
Enfin, on a pu réparer la roue, repartir ; pour
combien de temps ? je ne sais ; et le chariot s'est
mis à avancer de nouveau, cahotant, jetant les
cholériques les uns sur les autres, traîné par ses
gamouses patientes, guidé par son conducteur
plus patient encore, tous vers une destination
marquée depuis longtemps au grand Livre et
dont il est inutile de se préoccuper. Sous la
pluie et le vent, des malheureux continuent
ainsi de passer. « Regardez, me dit le colonel
Maucorps, on dirait, avec leurs capuchons et
leurs houppelandes, leurs échines rondes, des
Pères Noël qui portent pour cadeau le choléra
dans leurs bottes et dans leurs poches. Voilà,
c'est la guerre vue de dos ! »

*
* *

Sasli-Bostan, lundi 25.

Mon propriétaire tartare, avec qui j'ai fait amitié et qui vient de temps en temps causer avec moi, trouve que ça ne va pas mal et que le cours suivi par les événements pourrait être pire. Pour lui, au milieu de l'épidémie, il a senti naître en soi une vocation ; il s'est fait fossoyeur et a enterré exactement ces jours passés soixante-trois cholériques ou autres. La peine est petite, car on les enfouit si peu que quelques-uns passent encore le bout des pieds ou un bras et, comme un noyé qui s'enfonce, semblent, avant de disparaître, faire un dernier geste d'appel. (Mon ami Renzo Larco, du *Corriere della Sera,* m'affirme avoir vu enterrer des malades qui vivaient encore et les avoir photographiés.) En revanche, il fouille soigneusement les cadavres, et pas un qui ne lui ait donné au moins une livre, quelquefois deux, trois et jusqu'à quatre. A ce récit, mon domestique, Alfred Harrison, sujet anglais né à Salonique d'un Juif et d'une Française, ancien bandit en Macédoine, demeure pensif ; puis il s'excite soudain et déclare : « J'aurais mieux fait de venir ici enterrer les cholériques que de

suivre un correspondant de guerre pour sept
francs par jour ! » Je leur représente à tous deux
qu'on court grand risque à faire un tel métier,
mais le Tartare dit sentencieusement : « Oh ! il
n'y a pas de danger, seulement il ne faut pas
leur mettre les doigts dans la bouche ; comme
ça on n'attrape rien ! »

A propos de ces enterrements sommaires, un
capucin de San Stefano écrivait ces jours-ci à un
ami de Constantinople : « On prend maintenant
quelques précautions ; on jette de la chaux sur
les cadavres, mais comme on en a très peu, il
faut l'économiser et nous en mettons juste autant
que de fromage sur le macaroni. » Le bon Père
est Italien.

Vous voyez par ces récits que tout va bien.
Chacun s'est repris. Le choléra diminue, le
choléra n'impressionne plus ; on peut le regarder
en face, le blaguer même, il ne lui reste qu'à
décamper ! ! !

De fait, la décroissance du mal a été extraordinairement rapide. Il a cédé presque subite-
ment. C'est au point qu'on a cru se trouver en
face, non d'une épidémie de choléra, mais seulement de dysenterie mortelle, causée par les
fatigues, la faim, les misères éprouvées par tous
ces hommes exténués. Évidemment, le choléra

n'a pas fait toutes les victimes ; mais il était là présent, indubitablement.

Il fait gris, il pleut, ou plutôt il bruine ; ce n'est pas par terre la boue profonde qui englue et absorbe, mais une sorte de patinoire où il est impossible d'avancer. Je tire mon cheval par la bride, nous glissons chacun de notre côté et faisons des merveilles d'équilibre ; je ne puis aller jusqu'à Mahmoudié ; d'ailleurs, pas un coup de canon. Je regarde le défilé des charrettes : culbutes, bousculades, chutes du haut des ponts dans la rivière. Les longues capotes grises, les capuchons pointus dégoulinent de pluie ; le vent pique. Il fait gris sale par terre, au ciel, sur les gens, partout. Et des bataillons manœuvrent. En dépit du temps, du choléra, des déroutes passées, l'armée s'est refaite. Les files de soldats, les files de baïonnettes s'alignent malgré le sol qui fond et se dérobe sous les pieds ; les lignes se meuvent, tournent, voltent, rigides, imposant cette impression de puissance, de force, et comme d'invulnérabilité que donne une troupe d'hommes mue par une seule volonté, obéissant à un ordre unique. Chaque jour, je me persuade de plus en plus qu'il y a une armée turque, ce dont je doutais depuis le commencement de la campagne, ne l'ayant jamais vue, pas même aperçue. Partout des tranchées se creusent, partout de nouveaux canons sont mis en batterie. Les Bulgares auront du mal à passer ici s'ils s'y risquent de nouveau.

Ont-ils donné tout leur effort la semaine dernière ? Beaucoup disent que non, et ne veulent voir dans les combats de dimanche et des jours suivants, qu'une très forte reconnaissance offensive. C'est, de toute façon, soit un échec, soit une grave faute ; il fallait passer ou ne rien faire, car ils ont donné en reculant ou plutôt rendu toute sa confiance à l'armée turque (1).

*
* *

26 novembre.

Dans la rue du village, devant ma porte, un gamin tartare de cinq ans lutte comme un furieux contre un grand soldat qui a pris dans une meule une brassée de foin pour son cheval ou pour faire son lit. Le gosse hurle, se cramponne, lui donne des coups de pied dans les

---

(1) C'est seulement par les articles des correspondants de guerre du côté bulgare que les Turcs apprirent l'importance de leur victoire.

tibias, lui arrache un peu de foin ; aussitôt, il lâche sa prise pour se cramponner de nouveau, et le grand soldat lève la tête, me regarde avec un air de bœuf battu par un petit pâtre et dit : « Allah ! Allah ! vois quel terrible enfant ! » Il se décide à abandonner la moitié de la brassée, croyant apaiser son persécuteur. Mais non, celui-ci triomphe et finit par ramener le soldat l'oreille basse jusqu'à la meule où il va déposer le foin dérobé ; là enfin il a un mouvement d'impatience et, en abandonnant son foin, le jette au nez du gamin qui culbute ; mais déjà il s'est relevé, a saisi un bâton et le brandit sur la tête du soldat qui s'en retourne penaud et déconfit.

La canonnade s'est tue complètement !

La signature de l'armistice

2 décembre.

Apprenant que la signature de l'armistice était proche, je suis parti ce matin de Constantinople en compagnie de Paul Erio, du *Journal,* pour ma petite maison de Sasli Bostan (le potager où poussent des joncs).

Je vais retrouver mon propriétaire et fossoyeur tartare, ce compère de bonne humeur qui estime la guerre et le choléra de si excellentes affaires. Route ensoleillée, convois de ravitaillements. Les premiers mercantis se décident à sortir de Constantinople et à traîner leurs charrettes vers les camps. Songez qu'à quarante kilomètres d'une si grande ville regorgeant de tous les biens du monde, il était impossible de trouver à acheter un morceau de pain, une bougie, une boîte d'allumettes, un paquet de cigarettes. Dans des camps perdus de Tripolitaine et de Cyrénaïque, en plein désert, à des centaines de kilomètres de toute ville, on avait trouvé moyen d'organiser des marchés où l'on pouvait se procurer au moins l'indispensable et quelquefois le superflu. Ici, rien et rien !

Cependant, aujourd'hui chacun mange à peu près à sa faim du pain blanc, de la soupe chaude ; on a des tentes, des couvertures ou des peaux pour se protéger un peu de l'humidité de la terre. Et les visages qu'on croise ne sont plus les mêmes ; le pas est allègre, on siffle, on chantonne, on plaisante ; les yeux ont repris une flamme, on sent que les estomacs se sont remplis, les entrailles solidifiées.

J'ai voulu passer par Tchilinguir, saluer les officiers de la brigade indépendante de cavalerie. Je les retrouve dans la petite maison au jardin fleuri de roses, aux bassins d'eau. Un officier joue du piano, je vois au mur la fameuse gravure en couleur de *La Mère et l'Enfant* d'après Reynolds, et je confesse ma terrible envie de m'en emparer, de piller un peu, puisque aussi bien les bonnes gens de France nous en accusent, paraît-il, avec tant d'unanimité.

Nous nous sommes attardés et nous voilà pris par la nuit. Nous cherchons, à travers champs, notre village tartare. Erio a perdu son domestique et son cheval de bât ; il est si difficile de se guider par ce ciel sombre, à travers ces ondulations désertes, sans chemins distincts, sans points de repère. Lorsque nous voyons des tentes, nous nous approchons, appelons les soldats. Ils nous guident un instant, nous remettent sur notre chemin. Vers 9 heures du soir nous arrivons enfin.

*
* *

Mardi 3 décembre.

De chaque côté de la route de Hademkeuï des chiens errants fouillent les charognes des chevaux morts, s'acharnent sur les squelettes, si fort occupés à leur besogne qu'ils ne fuient pas à notre approche, la gueule rouge, gras, entripés comme ils ne furent jamais ; d'autres, saouls de viande et de sang, dorment non loin, digérant leur trop riche festin.

Les charrettes des mercantis arrivent et sont prises d'assaut. Grimpé au sommet de sa pacotille, le marchand se débat contre ces gens affolés par la vue de tant de biens qu'ils désirent depuis si longtemps et avides de tout prendre.

Ne pouvant les satisfaire tous à la fois, il lève les bras au ciel et implore l'aide de Dieu.

A Hademkeuï les trains regorgent de provisions. Les miches de pain s'amoncellent sur la voie, on les jette à la pelle hors des wagons ; des baraquements se construisent ; on installe de puissantes lampes à acétylène ; les campements environnants ont pris un ordre, une forme. L'armée turque sera prête à la guerre pour le jour où la paix sera signée.

Nous espérions pouvoir aller jusqu'au lieu où se font les négociations et insistons longuement auprès des officiers d'état-major ; mais c'est impossible ! La conférence aura lieu à 5 heures du soir. On ne peut nous laisser en pleine nuit en avant des premières lignes turques ; au reste, nous ne verrions rien ni ne pourrions prendre de photographies. Nazim pacha nous promet cependant de descendre tout à l'heure de son wagon, et nous fait dire que nous pouvons demeurer ici toute la journée et la nuit jusqu'à son retour. Ainsi serons-nous avertis les premiers, ou de la conclusion de l'armistice, ou de la rupture des négociations. Quelques instants après il descend en effet ; je le photographie. Il nous adresse quelques mots aimables et nous permet de nous promener librement sur les lignes. Nous passons

une partie de la journée en compagnie des officiers de l'état-major. La plupart désirent la
continuation de la guerre : « Rien n'est conclu,
disent-ils, rien n'est signé; peut-être demain
entendrez-vous de nouveau le canon. »

Des volontaires égyptiens arrivent précédés
de leurs drapeaux et chantant un chant religieux.
Sous la tente de l'état-major entre un grand vieillard à barbe blanche, à très belle figure, de
noble expression. Il porte le turban, la grande
robe, un fusil en bandoulière, et le bâton du
voyageur à la main. Il s'assied, dit son histoire :
c'est un musulman bosniaque qui est allé, après
l'annexion, vivre dans les environs de Smyrne ;
puis au bruit de la guerre, s'en est venu ici combattre et mourir en bon défenseur de l'Islam, en
saint (cheïd) ; il a soixante-dix ans et a fait la
route à pied de Constantinople à Hademkeuï.

A 4ʰ3o le train, composé de la locomotive,
d'un fourgon et d'un wagon-salon, part pour
Bakchaïchkeuï, lieu des négociations. Les officiers qui sont demeurés là nous donnent l'hospitalité sous leur tente. Tout à coup entre Rechid
bey avec qui j'ai vécu au camp de Derna, en Cyrénaïque. Il est arrivé ici depuis quelques jours,
accourant à une guerre après une autre, se bat-
tant depuis trois ans en Albanie, au Yémen, en

Cyrénaïque, ici ; un de ses frères a été blessé à Lulé-Bourgas, un autre est encore avec les Arabes devant Tobrouk. Nous nous embrassons, et, comme Féthi bey, il me dit : « Ah ! mon cher Ami, je n'aurais pas voulu vous revoir ici et dans de si tristes circonstances ! Pourtant, si l'on voulait, rien n'est perdu encore ; il serait temps de recommencer une campagne. »

Il m'invite, ainsi qu'Erio, à partager son repas. Puis nous retournons sous la tente des officiers. Il fait froid, nous réchauffons nos mains à la flamme d'un brasero. Les heures coulent ; qu'est-ce qui se passe là-bas ? J'admire une fois de plus la tranquillité d'âme des Turcs. Erio et moi sommes évidemment les seuls en cette affaire à montrer quelque impatience et quelque nervosité. Les autres, non ! Il semble pourtant que l'affaire soit d'importance, que le sort de la Turquie en dépende. Mais qu'y peuvent-ils ? Leur inquiétude changerait-elle rien aux négociations qui se font à cinq kilomètres d'ici ?

A 9 heures un sifflement prolongé, aigu, nous avertit du retour du train. Nous sortons de la tente ; la nuit est glaciale. En France, tout le monde se précipiterait à l'arrivée de ce train qui apporte une si grande nouvelle ; ici, nous sommes deux Français à nous en soucier. Nazim pacha

en descend seul, Rechid pacha et Ali Riza bey
étant rentrés à Constantinople en automobile ;
nous le saluons et il nous rend notre salut. Puis
le capitaine Edib bey, de l'état-major, qui arrive
lui aussi de Bakchaïchkeuï, vient à nous et, avec
beaucoup de réticences, consent à nous dire
quelques mots, oh ! quelques mots seulement
sur l'entrevue. Nous voudrions le faire entrer
sous la tente, mais il s'y refuse ; en buvant une
tasse de thé, à plusieurs, autour d'un brasero on
se laisse aller à parler. Ici, sous le feu blanc de
cette lampe à acétylène fichée au bout d'un
piquet, quand nous tremblons de froid, debout
sur le talus, il n'y a pas de danger d'en dire
trop long : « Nous nous trouvions au pont de
Bakchaïchkeuï vers 5 heures moins le quart ;
le pont est rompu, on l'a fait sauter à la méli-
nite, mais on y peut passer à pied. Près de là,
il y avait, après la bataille de Tchataldja, beaucoup de cadavres bulgares qui avaient été abandonnés ; nous avons envoyé des corvées pour
les faire enterrer. Les délégués bulgares et
grecs étaient arrivés ; ils vinrent négocier dans
le wagon turc qui est plus vaste et plus confortable que le leur. Presque tout de suite les délégués grecs se sont retirés. Pour nous, on nous
avait éloignés du compartiment où se passaient

les négociations, afin que nous n'en entendissions pas même un mot. Aussi nous n'avons rien su. Je ne puis rien vous dire des conditions de l'armistice. A 8 heures et quart, le contrat a été signé, les protocoles rédigés et signés également, les Grecs s'abstenant et les délégués bulgares, M. Daneff, président de la Chambre, le généralissime Savoff et le général Fitcheff, chef d'état-major général, s'engageant au nom des Bulgares, des Serbes et des Monténégrins. Après quoi, on a bu un peu de vin (*sic*); on n'a pas dîné, et les délégués turcs et bulgares ont porté tour à tour des toasts à la valeur et au courage des deux armées, à la camaraderie qui les unirait dorénavant et qui serait maintenant fondée sur de solides bases. »

Pas plus ! cela par petites phrases entrecoupées de nombreux points de suspension, et que nous lui arrachons l'une après l'autre. Erio demande : « Mon Capitaine, est-ce que le général Nazim pacha n'est pas un peu plus bavard que vous ? »

« C'est l'homme le plus silencieux du monde », nous répond Edib bey. Il nous serre cordialement la main. Nous quittons la lumière de la lampe à acétylène et nous nous retrouvons dans l'obscurité. J'appelle mon domestique turc, qui, depuis je ne sais combien d'heures, tient là, dans la nuit, nos trois chevaux ; il n'est pas inquiet lui et, qui sait ? ne s'est peut-être pas seulement ennuyé de cette longue attente. Pourtant, à mon grand étonnement, il m'interroge sur ce qui s'est passé. Je lui explique tant bien que mal par gestes que c'est fini, et, dans la nuit, nous guidant sur la croupe de son cheval blanc, nous regagnons notre village.

*
* *

Mercredi 4 décembre.

Il pleut ; nous partons vers 9 heures ; nos chevaux sont las des journées de marche précédentes ; on patauge, on glisse, on enfonce ; pour vouloir trouver une route plus courte, nous nous perdons et faisons double chemin. Toujours des charognes et des squelettes de chevaux et des chiens qui les dévorent ou dorment autour, des tombes fraîchement remuées, des nuées d'oiseaux carnassiers.

Croyez-vous que les gens que nous croisons sur la route s'inquiètent de la paix ou de la guerre ? Pas un ne nous interroge.

4 heures, le jour s'achève, un jour gris, humide, souillé. Voici, devant nous, le gazon rare des immenses cimetières, la ligne des cyprès noirs et, par delà, la ville aux minarets et la mer qui la pénètre, tout cela sous la pluie et dans le gris, d'une tristesse profonde, infinie, sinistre. Les tombes abandonnées, renversées, éparses de tous côtés, ont l'air d'un champ de bataille des morts où la lutte acharnée continuerait. Ces tombes, ces pierres qui choient, ou serrées les unes contre les autres, ou éparpillées, celles-ci qui semblent fuir, celles-là groupées pour une dernière résistance paraissent subir le feu de milliers de canons silencieux. Les corbeaux n'achèvent pas de passer au-dessus. Et les cyprès, les beaux cyprès d'Eyoub saignent aussi ; les mouhadjirs (émigrants) les ont déchiquetés, ébranchés, étêtés, coupés au pied. Autour de la grande ville, impératrice de l'Europe et de l'Asie, tout présente l'image de la mort, de la destruction, de la désolation, de ce qui a péri et ne renaîtra point ; et, parmi les tombes erre de loin en loin quelque figure long drapée, admirable, pareille à un ange noir aux ailes ployées, à la face couverte d'un voile, qui fait le signe du silence, demeure immobile ou procède à pas lents.

———

Après la défaite

Est-ce donc fini ? L'armistice n'entraîne pas forcément la paix. L'armée turque est en meilleures conditions que jamais, solide derrière ses tranchées de Tchataldja. Il me semble incompréhensible qu'on ait abandonné si facilement la partie avec des ressources encore si considérables, incompréhensible qu'on ait accepté l'armistice sans stipuler au moins le ravitaillement d'Andrinople.

Mais ce pays était battu en pleine paix avant que de l'être sur le champ de bataille. Ce que j'ai vu de plus poignant dans cette guerre, plus que la déroute, plus que les cholériques, c'est l'aspect de Constantinople indifférente ou gaie, ou railleuse même autour des soldats vaincus, s'émouvant seulement à la pensée d'un sursaut possible de la vieille foi religieuse, à l'idée d'un massacre ; c'est cette ville turque où le Turc se sent en état d'infériorité devant le métèque qui a pris possession de sa maison, cette ville surveillée par le canon des navires de guerre étrangers, parcourue par les patrouilles des marins de toutes les nations.

« Ce peuple, me dit un jeune consul de mes amis, M. Dozon, est vaincu dans son âme même. Certes, il n'y avait ni routes ni chemins de fer pour conduire les régiments et les canons à la frontière, pas de munitions, pas de pain pour donner à manger aux soldats, pas d'officiers pour les encadrer, pas de médecins pour les soigner. Et les conceptions stratégiques de l'État-major étaient folles ou stupides. Mais pourquoi cela ? C'est que le Turc est gâcheur et incapable par essence, sans ordre, ni méthode, ni logique, incapable de prévoir; c'est qu'il professe le mépris de l'effort humain et se méfie de l'intelligence comme de la plus profonde ennemie de l'homme et comme le principal artisan de ses soucis et de ses peines, c'est que l'Islam, comme toutes les religions ou les philosophies négativistes, a agi sur lui à la façon d'un stupéfiant : épicurisme essentiel et stoïcisme de façade, le rendant incapable jusque de se servir d'un instrument même très bon qu'on lui mettrait entre les mains, jusque d'utiliser ses propres qualités spontanées ! Étonnez-vous après cela qu'il ait été conquis chez lui avant que de l'être par l'ennemi de l'extérieur ! »

J'espère qu'en France on ne se fait pas d'illusions sur les conséquences infinies de cette guerre. Il est probable qu'un si grand drame ne s'achèvera pas à Constantinople. De leur poste d'observation tous les Français d'ici répètent d'une seule voix : « Que la France soit prête à la guerre, que l'opinion y soit préparée ! Il faut voir plus loin que nos sympathies pour les peuples balkaniques ou pour la Turquie, ou même que nos intérêts matériels et financiers dans ce pays ; il s'agit de nous, et il est fou de prétendre que nous n'ayons rien à faire dans cette querelle, et qu'elle intéresse seulement les Gouvernements d'Athènes, de Sofia, de Belgrade, de Cettigné et de Constantinople. L'instant du règlement de comptes entre les nations d'Europe est venu. A quoi bon en retarder l'échéance ? à quoi bon tenter d'impossibles embrassades quand les intérêts diffèrent sur tous les points ? Pour la défense des nôtres nous avons aujourd'hui les plus beaux atouts dans la main. Jamais l'heure internationale ne nous fut plus favorable. La victoire des coalisés, armés, instruits par nous est aussi une victoire morale et en même temps une défaite pour l'Allemagne, dont les officiers accompagnaient, durant la campagne, l'état-major d'Abdullah pacha, dont l'attaché militaire visitait hier, à l'exclusion et à l'insu de ses collègues, les lignes de Tchataldja. A cette heure précise la solidité des liens avec les nations qui nous sont alliées nous est garantie par leurs intérêts propres. Elles marcheront la main dans la main avec nous, et même avant nous. Il faut que nous soyons prêts, encore une fois, non par tendresse pour quiconque, ni pour aucune raison de sentiment, mais pour nous, pour notre prestige dans le monde, pour la revendication de nos provinces perdues. Si le patriotisme s'est réveillé en France, ce patriotisme doit montrer aujourd'hui qu'il voit clair. Il est ridicule de penser que la guerre éclatera un jour pour un incident de frontière entre gendarmes ou chefs de trains près de Thionville ou d'Avricourt, mais elle peut au contraire s'engager demain au sujet des intérêts que va dresser les uns contre les autres le règlement de la question d'Orient. Et puisque la poussée de toutes les forces histo-riques du siècle indique que, quelque conflit que ce soit qui surgisse en Europe ou ailleurs tend à se régler à la frontière du Rhin, et que les circonstances nous sont aujourd'hui propices, il convient de leur venir en aide, et d'être non seulement prêts à la guerre, mais de la vouloir. »

Une visite aux blessés recueillis
à l'hôpital français de Constantinople

———

Guidé par le Dr de Lacombe, l'éminent chirurgien dont les travaux, le talent de professeur, les soins prodigués aux malades ont mis l'hôpital français de Constantinople au premier rang parmi les institutions européennes analogues, je viens d'interroger les blessés, d'examiner leurs plaies. Cent cinquante ont passé ici depuis le commencement de la guerre. Je questionne le Dr de Lacombe sur les effets de la balle bulgare, la gravité des blessures. Il veut bien me donner à ce sujet une série de renseignements précieux que je transcris sous sa dictée.

Il était à peu près admis, jusqu'ici, que parmi les blessures de guerre 8 ou 10 °/₀ étaient dues au canon, de 5 à 10 à l'arme blanche (sabre et baïonnette), le reste, 80 °/₀, au fusil.

Or, pour un mouvement de cent cinquante blessés, pris sans aucun choix, la formule se trouve renversée. La grande majorité des blessures est due à des balles de shrapnells. — Je l'ai constaté, moi aussi, sur les blessés rencontrés durant les deux retraites de Lulé-Bourgas et de Viza. Les assistants du Dr de Lacombe, qui donnent leurs soins, durant une partie de la journée, aux blessés des autres hôpitaux, en apportent la confirmation.

De plus, on admettait généralement que la balle de shrapnell avait peu de pénétration. — Je me rappelle en avoir vu d'innombrables exemples en Tripolitaine. Entre autres celui-ci : un shrapnell ayant éclaté sur la tente de Nazim bey, qui commandait devant Tobrouk, celle-ci fut renversée, lui-même couvert de débris, atteint en plusieurs endroits ; mais, à l'émerveillement de tous, les balles n'avaient pas percé l'épaisseur de sa robe de chambre. — Or, cette fois-ci, elles ont fait des plaies pénétrantes ; chez un blessé la balle a traversé tout le thorax et a pénétré dans la région du foie. Chez d'autres elle a fait éclater des os sur une étendue de dix à douze centimètres.

Il est indiscutable que de tels effets doivent être attribués à l'excellence de la fabrication française, les canons bulgares provenant tous du Creusot.

Quant aux blessures dues aux balles de fusil, elles guérissent dans le minimum de temps. Ne sont mortelles que celles qui déchirent un gros vaisseau, un organe essentiel comme le cœur, l'estomac, l'intestin, le foie, si ce dernier est atteint dans une région très vasculaire. Des soldats traversés de part en part, même obliquement, ou de haut en bas, la balle pénétrant à la base du cou, passant à travers tout le thorax et tout un poumon, ont été guéris en dix jours.

Ce qui est remarquable, c'est l'absence de suppuration que l'on constate dans ces plaies dues à la balle du fusil moderne. Celle-ci, me dit le Dr de Lacombe, est aseptique lorsqu'elle arrive au contact du corps. La déflagration formidable de gaz produite par les poudres modernes, le frottement de la balle et son serrage dans le fusil, l'enveloppe métallique qui la recouvre, soit de melchior pour le mauser (fusil turc), soit de cuivre pour le mannlicher (fusil bulgare), qui s'échauffe beaucoup plus rapidement que le plomb, sa très grande vitesse, font qu'elle se trouve être aussi aseptisée que si on l'avait flambée dans l'alcool. Enfin elle subit rarement de déformations. Les balles extraites par le Dr de Lacombe ne portent qu'une légère déformation à la base. Aussi les blessures sont-elles beaucoup plus nettes, les tissus moins contrits qu'on ne le verrait dans des blessures produites par la balle de plomb, qui, se déformant, s'aplatissant, meurtrit et déchire les tissus, entraîne des débris de vêtements, produit des suppurations abondantes et prolongées.

Mais si, par malheur, la balle moderne rencontre un os sur son trajet, c'est un éclatement formidable sur une très grande étendue, et ce sont ces fragments d'os projetés dans tous les sens qui vont déchirer les tissus environnants.

Les plaies par balles de shrapnells sont plus graves que celles par balles de fusil, car elles subissent des déformations très marquées, qui vont de l'aplatissement plus ou moins irrégulier à la fragmentation.

Autour du Dr de Lacombe je remarque, parmi ses assistants, le Dr Maneiloglou, son plus ancien collaborateur, les Drs Thaidis, Dimitriadis, Artignan, Boyadjis, Nyad bey qui a été blessé à Kirk-Kilissé. Vous voyez là, me dit le Dr de Lacombe, de jeunes chirurgiens aussi forts que de bons internes des hôpitaux de Paris.

Je ne puis malheureusement citer les noms de toutes les sœurs qui non seulement entourent ici les blessés des plus délicates attentions, mais savent aussi donner les soins très délicats que réclament les grands opérés. Parmi celles-ci je ne puis passer sous silence la supérieure, sœur Jeanne, femme de grand cœur, parfaite administratrice, sous la direction de laquelle l'hôpital a constamment prospéré, et la sœur Joséphine, à qui je dois un témoignage tout particulier de reconnaissance.

Enfin, auprès d'elles, des jeunes filles, des femmes françaises, infirmières volontaires, Mlle Bompard, la comtesse Ostrorog, Mme Duze, Mme Béguin-Billecoq, Mme Boissée, Mme Maubert, d'autres encore que je ne puis toutes citer, sont venues, en cette heure terrible, apporter l'aide de leur grand cœur et de leur inlassable dévouement.

Vers Andrinople

—

Histoire d'une Française.

—

Jeudi 26 décembre.

Après des allées et venues, démarches, pourparlers infinis et une première tentative faite en
vain pour traverser les lignes turques devant
Tchataldja, je suis reparti aujourd'hui à Hademkeuï avec l'intention de me rendre à Andrinople
si les Bulgares veulent bien me laisser passer.

Je voyage en compagnie du colonel Djemal
bey, qui commande une des divisions du 2ᵉ corps
d'armée à Nakeskeuï. C'est un des hommes les
plus intelligents que j'aie rencontrés ici, un
homme de la trempe de Fethi bey, d'Enver, des
bons officiers avec qui j'ai vécu en Tripolitaine :
fermeté de jugement, activité d'esprit, clarté

dans les idées, sens critique, il possède à un haut degré tous ces dons si rares en ce pays.

Je lui demande s'il estime la paix prochaine ? Il ne la désire pas, juge que l'armée turque est enfin sur pied. « Mais l'offensive est-elle possible contre les formidables retranchements élevés par les Bulgares sur les positions de Tchataldja, au moment où les mois rigoureux d'hiver vont rendre ce pays sans chemins plus impraticable encore que ces temps derniers ? » Il évite de me répondre, mais il me semble qu'il n'en croit rien. Alors quoi ? les deux armées demeureront-elles là, durant l'éternité, des deux côtés des rives cholérifères du Karasou ? Pendant ce temps Andrinople finira par tomber ; les Bulgares demeureront maîtres de ce qu'ils demandent effectivement ; la question de la Turquie d'Asie s'ouvrira en même temps que celle de la Turquie d'Europe, et il n'est pas facile de prédire jusqu'où de tels événements peuvent s'enchaîner.

A Hademkeuï, effroyable encombrement d'hommes, de chevaux, de bagages, de ravitaillements, et dans le plus complet désordre. Malgré le beau temps on patauge dans deux pieds de boue. Je me fraye difficilement un passage et finis par découvrir un innommable café plein de soldats où je gare mes affaires, cantines et sacs, confiant en la protection de Dieu pour qu'ils ne disparaissent point. Puis je me mets à la recherche du général Ahmed Abouk pacha qui doit me faire conduire aux lignes bulgares. Je le trouve ou plutôt son quartier général sans trop de peine; c'est une petite maison propre, à un étage. On m'introduit dans une chambre bien tenue, ornée d'un tapis, d'une table portant un vaporisateur, de grossières peintures à fresque sur le mur représentant des vues de Stamboul et du Bosphore. Le général entre quelques instants après, de haute taille, un peu voûté, portant la barbe, figure bienveillante aux yeux pétillants d'esprit.

Il me serre la main : « Alors, vous voulez aller « cuire » dans une ville assiégée; c'est un grand sacrifice de votre part, car ce ne sera pas gai là-bas, et cela durera combien de temps ? » Je réponds que le pire pour moi est de rester à Constantinople à ne rien faire. — « Eh bien ! je vais donner des ordres pour qu'un de mes officiers vous conduise aux lignes bulgares. » — « Croyez-vous, mon Général, qu'ils me laisseront passer ? » — « Pourquoi non ? » — « En tout cas, il faut voir, je suis prêt à accepter qu'on me mène les yeux bandés à la station d'Andrinople. »

Où coucher ? Djemal bey part pour Nakes-

keuï; la moindre maison regorge de soldats qui
s'y empilent les uns sur les autres. La boue est si
épaisse, si gluante, qu'on a peine à s'en arracher.
Je n'ai vu chose semblable qu'en Abyssinie durant la saison des pluies; fantassins, cavaliers,
charrettes, tout s'embourbe jusqu'aux genoux,
aux essieux; impossible d'avancer. Des corvées
de soldats, armés de pelles, tâchent d'enlever le
plus épais aux endroits les plus parcourus, de
déblayer et de combler avec les cailloux les fondrières où l'on risque de disparaître. Comme la
neige amoncelée en hiver au bord des routes, on
voit s'élever ici des montagnes, des murailles de
boue, et elle colle aux pieds, aux sabots des
chevaux, aux roues des chars, aux vêtements;
on la traîne avec soi, sur soi, sans pouvoir s'en
débarrasser.

Je demande aux officiers d'état-major de m'indiquer quelque coin où dormir. Ils veulent bien
me permettre de dresser mon lit dans le bureau
où ils travaillent. Quant à mon domestique, il
s'arrangera pour coucher avec les soldats. Je
fais transporter mes bagages de la gare; mais,
au moment où je rentre au quartier général, un
des officiers m'avertit qu'Ahmed Abouk pacha
m'a fait chercher un logis dans le village. Un
soldat m'y conduit. J'entre chez un bacal (épi-

cier grec). On me fait monter un escalier branlant; une porte s'ouvre sur une petite chambre où, à ma grande stupéfaction, une dame m'accueille et m'offre l'hospitalité en si bons termes et en si pur français que je ne puis douter un instant d'avoir affaire à une compatriote : « Monsieur, je n'ai plus que cette petite chambre qui est moins grande qu'un mouchoir de poche turc (et les Turcs n'ont pas de mouchoir), vous la partagerez avec moi; j'aurais voulu vous offrir celle d'à côté, mais quatre docteurs m'en ont délogée et s'en sont emparés par force ! »

Mon hôtesse est une femme âgée, aux traits énergiques, aux yeux clairs qui ne doivent pas se laisser intimider; et de fait, pour avoir passé la guerre ici, au milieu des soldats, de la bataille, du choléra, il faut un certain courage. Je m'excuse comme je puis, offre de coucher dans l'escalier ou dans le magasin, mais elle insiste, assure qu'il lui suffira de tendre un voile autour de son divan et qu'ainsi les convenances du harem seront sauvegardées. Je lui avoue mon étonnement de rencontrer une Française et dans un tel lieu et dans de telles circonstances. Aussitôt elle me conte son histoire qui n'est pas sans pittoresque.

« Je suis, Monsieur, fille d'un Français du nom

de Renelmann qui vint à Constantinople comme soldat durant la guerre de Crimée, y demeura, la guerre finie, et épousa une Italienne. Je suis née à Constantinople. Quelques années après, mes parents m'emmenèrent à Paris où j'ai vécu seize ans et vu le siège. Nous étions abonnés au *Figaro*; j'aimais par-dessus tout les articles d'Albert Millot et d'un certain Ignotus qui avait bien de l'esprit. Mais j'ai toujours suivi avec autant d'intérêt que le *Figaro* lui-même, votre journal, que me prêtait une amie; et, depuis que je suis en Turquie, je n'ai pas cessé de recevoir les *Lectures pour tous*. J'en avais une grande caisse ici, toute pleine, que des officiers, amoureux des lettres françaises, m'ont volée. Je revins en Turquie après la guerre et, comme mon père avait épousé une Italienne, j'épousai, moi, un Italien, M. Romano, Napolitain et violoncelliste qui jouait à ravir de cet instrument.

« C'était le temps du sultan Hamid. Celui-ci voulut organiser au palais un conservatoire de musique et fit engager mon mari et quelques autres instrumentistes. Nous étions bien payés, 3o livres osmanlies par mois et en plus « les rations ». Comme le sultan Hamid ne supportait autour de lui que des militaires, il avait fait donner des grades à ses musiciens; mon mari était commandant (bim-bachi). Il avait un très gros ventre, une figure réjouie et le sultan Hamid se plaisait énormément à le faire tourner en ridicule par un de ses bouffons, un Français nommé M. Bertrand (1), dont l'emploi était de le tenir en bonne humeur. La verve de celui-ci ne tarissait pas sur l'embonpoint de mon mari lequel, excellent homme, entendait la plaisanterie, supportait toutes les farces et ne se fâchait point. Nous fûmes toujours heureux tant que dura le

---

(1) Un Français installé à Constantinople, M. Bonhomme, m'a fait très aimablement don de la carte de visite du bouffon du Sultan, dont voici la reproduction :

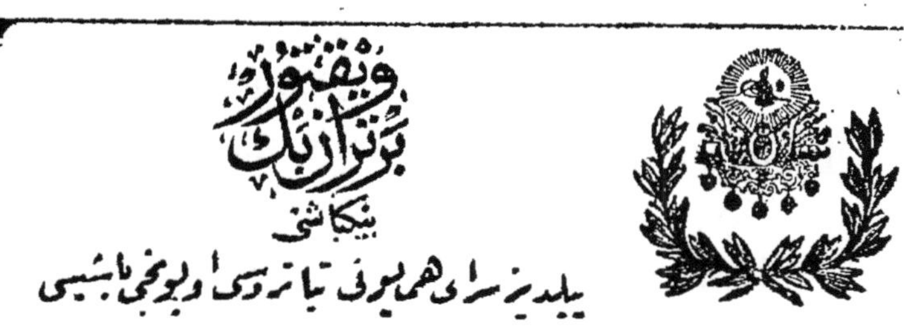

sultan Hamid. Mon mari souffrait seulement de ne pouvoir exercer son art comme il aurait voulu et former des élèves dignes de lui. Il lui fallait donner des leçons dans une salle où jouaient et répétaient en même temps que lui des trombones, des saxophones, des cornets à piston qui empêchaient d'entendre les sons du violoncelle. Au reste, le sultan Hamid n'aimait que la musique très bruyante et que les chanteurs qui beuglaient et hurlaient à déchirer les oreilles. Puis la Constitution vint qui chassa les musiciens, les bouffons, les comédiens, du palais.

« Mon mari mourut de chagrin, et je n'ai pu obtenir encore une pension.

« J'avais pourtant quelques petites économies, et j'allai m'établir dans un village de la Mer Noire, à Iénikeuï, près de Derkos et de Karabournou, où la vie ne coûte rien. J'avais une maison pour une livre osmanlie par an ; j'élevais des poules, des lapins et j'avais des arbres fruitiers. Mais je souffris trop, au bout d'un an, de la solitude, de l'éloignement de tout et d'être privée des journaux et surtout de mes *Lectures pour tous*. J'emportai mes poules, mon chat et mes lapins, et vins, l'an dernier, m'établir à Hademkeuï qui est relié avec Constantinople par le chemin de fer et où l'on peut avoir quelques rapports avec le monde. Je m'associai avec l'épicier grec qui possède cette maison et nous fîmes un peu d'affaires avec les paysans de ce village et des environs. J'habitais une autre maison voisine d'ici.

« Quand la guerre a éclaté nous ne croyions jamais que les Turcs seraient battus et que les Bulgares viendraient jusqu'aux portes de Constantinople, lorsqu'un jour nous vîmes arriver les premiers émigrants fuyant de Kirk-Kilissé. Monsieur, il n'a pas arrêté d'en passer durant plus d'un mois, et ils étaient affamés, et il y avait des femmes derrière les voitures qui tendaient leurs enfants au bout de leurs bras et criaient : « Pitié, pitié, prenez nos enfants, nous ne pouvons plus les nourrir. » Et ensuite ont commencé d'arriver les soldats, et eux aussi n'ont plus cessé de passer. D'abord ils se montraient très doux et timides ; ils venaient à ma porte : « Madame, un peu de pain, nous n'avons pas mangé depuis trois, quatre jours, Madame, nous laisserez-vous mourir de faim ? » Je leur disais que je n'avais rien, de peur qu'ils n'envahissent ma maison. Quelquefois je leur apportais un peu de galette ou de salade de haricots ; ils se jetaient dessus comme des bêtes. Une nuit une troupe pénétra dans mon jardin, et ils

commencèrent à frapper à la porte disant :
« Ouvrez, ouvrez. » Je ne répondais pas, mais, à
la fin, je compris que la porte allait être en-
foncée ; alors je me mis à la fenêtre et leur criai :
« Vous m'embêtez à la fin ; je suis Française,
j'irai réclamer à vos chefs ; n'avez-vous pas
honte de vouloir pénétrer dans la maison d'une
femme ? » Ils furent stupéfaits d'entendre parler
une langue étrangère et s'arrêtèrent ; et l'un
d'eux, un sous-officier, s'avança et me dit en
français : « Pardon, Madame, nous ne voulons
pas vous faire de mal, mais voyez ! nous sommes
très malheureux, il pleut, nous sommes là dans
la boue, donnez-nous un abri. » J'avais toujours
peur qu'ils pillassent tout et je n'ouvris pas ; ils
prirent les planches de mon poulailler et en
firent du feu, mais ne tuèrent pas les poules. Le
lendemain mon associé, M. Siméon Caneïloglou,
vint dès le matin ; il était très effrayé, croyant
que les soldats avaient pénétré chez moi ; il ne
voulut plus que j'habitasse là désormais et me
donna une chambre chez lui. Aussitôt ma maison
fut occupée, et mon poulailler acheva de brûler,
mais j'avais auparavant vendu les poules.

« C'est alors que commença le choléra. Là sous
mes fenêtres, devant ma porte, sur toute cette
grande place vide qui va jusqu'à la gare, des

soldats se couchaient par terre pour mourir. Il y en avait par centaines et tous hurlaient : « Allah ! « et Ana ! (ma Mère !) » tout le jour, toute la nuit ; et ils demandaient de l'eau et du secours sans que personne s'occupât d'eux. Mon associé partit pour Constantinople ; moi, je voulus rester seule pour sauver ce qui restait dans la boutique. Un matin je trouvai cinq cadavres devant ma porte ; ils étaient bleus, contractés par les convulsions, couchés les uns sur les autres. Enfin, ayant vendu à peu près toutes mes marchandises et n'ayant plus d'assortiment (car c'est, m'apprit-elle, une des lois de ce négoce que si l'assortiment vient à manquer le client ne se soucie point de ce qui reste et n'achète plus rien), je décidai de partir moi aussi et j'obtins du commandant militaire un fourgon pour emporter ce que j'avais encore de meubles et de denrées. C'était le 16 au soir. Je suis estropiée et ne peux guère me servir d'une de mes jambes, j'avais juste un gamin pour m'aider à transporter mes soixante colis. Nous allions et venions et enjambions les cadavres, le gamin et moi. Quand nous eûmes transporté les deux tiers de nos bagages, comme le petit était resté à la garde de ceux que nous n'avions pas encore apportés, on me dit que le train partait ; je poussai des cris,

mais des employés très grossiers m'insultèrent
s'écriant : « Quoi ! lorsque tout le monde meurt
« ici, vous êtes là à vouloir que l'on s'occupe de
« vos bagages ! » et l'on me mit presque de force
dans le fourgon. (En enfer même une vieille
dame française ne renoncera jamais à ses sep-
tante et sept colis et paquets, fût-elle poursuivie
par mille démons.)

« Le train partit chargé de morts et de mourants. J'avais allumé une veilleuse ; quelques employés étaient montés à côté de moi et l'un me fit
des propositions. Je le remisai vertement. Après
je ne sais combien d'heures, nous arrivâmes à
San-Stéfano et, là, mes compagnons de voyage
descendirent, disant qu'on n'irait pas plus loin.
Pour moi je demeurai, décidée à ne pas bouger,
puisqu'on m'avait promis un fourgon pour Constantinople. J'entendais décharger et jeter sur le
talus les malades qui hurlaient. On les abandonnait dans la nuit ; beaucoup essayaient de
remonter dans les wagons pour y chercher un
abri ; je me cramponnais à la porte du fourgon
pour les empêcher d'entrer. Cela dura je ne sais
combien de temps, quand tout à coup j'entendis
des voix, des voix qui n'étaient pas malades ;
j'entrouvris la porte, j'appelai ; un homme vint,
passa la tête et voyant une Européenne en cha-

peau, assise dans ce wagon à côté d'une veilleuse qui s'éteignait peu à peu, ne put retenir sa stupéfaction. « Eh quoi, Madame, que faites-vous « là ? » Je lui contai mon histoire. Il alla chercher des porteurs, me fit conduire au bateau et j'arrivai enfin à Constantinople.

« Dès le jour de l'armistice je me suis rendue chez Nazim pacha pour lui demander de revenir ici. « Grand Dieu, Madame, que voulez-vous « faire à Hademkeuï ? » — « J'ai là ma maison, je « ne sais que devenir ailleurs. » Il m'autorisa à rentrer.

« Alors mon associé et moi nous avons rapporté ici de l'assortiment et nous faisons des affaires avec les soldats. Le malheur est que l'autorité s'en mêle, nous fait fermer boutique s'il lui plaît, met des tarifs absurdes sur les marchandises, perquisitionne chez nous, empêche de vendre le raki et le cognac. Mais je suis là, je tiens ferme, je parle français à ces gens et cela les intimide ; je vais acheter un drapeau et le planter au-dessus de la porte ; un drapeau français, il n'y a pas à dire, cela fait meilleur effet qu'un drapeau italien. Mais voyez ! ces docteurs turcs m'ont pris de force ma grande chambre. Je m'étais campée sur la porte et j'avais juré qu'ils n'entreraient pas ; alors l'un

m'a dit : « Madame, nous ne pouvons pas coucher
« dehors, dans la boue et sous la pluie, il nous
« faut cette chambre ; si vous ne voulez pas la
« donner de bon gré, nous appellerons les soldats
« qui vous enlèveront de force. » Ah ! j'aurais
bien résisté, je ne tiens pas à la vie, mais j'ai
pensé qu'on allait piller le magasin, voler les marchandises. J'ai cédé, et une fois dans mon autre
petite chambre j'ai éclaté en sanglots. Alors,
ces docteurs, ils ont été émus tout de même et
deux d'entre eux se sont mis à pleurer aussi, et
un de leurs soldats, voyant que je ne me cal-
mais pas, est venu m'apporter une pastille de
menthe. »

On me met dans un fourgon du train de
réapprovisionnement et nous nous acheminons
doucement vers Bakchaïchkeuï. A Mahmoud-
Pacha la machine reste une heure en panne ; je
risque un coup d'œil hors de mon fourgon, mais
le lieutenant qui m'accompagne clôt soigneusement toutes les ouvertures par où je pourrais
apercevoir quelque chose. Enfin vers midi nous
sommes à Bakchaïchkeuï où nos chevaux nous
attendent.

Voici les dernières tranchées turques ; on travaille activement à les renforcer encore ; partout

on remue la terre; partout on tend de longs et épais réseaux de fils ronceux. Puis voici les maisons du village de Bakchaïchkeuï, brûlées, rasées dès avant la bataille, afin qu'elles ne pussent servir d'abri aux Bulgares avançant vers les lignes turques. Seule la petite mosquée et son minaret sont demeurés debout, mais perforés de toutes parts par les obus. A l'intérieur les grandes lampes, les lustres de verre sont suspendus à leur place, sinon intacts, en dépit de la furieuse canonnade, et déjà les pigeons familiers ont repris leur place accoutumée sur les toits et dans le sanctuaire.

Nous arrivons au pont. Il est rompu juste au milieu, les Turcs l'ayant fait sauter après la retraite. La rivière qui coule au-dessous, le Karasou, n'est ni très profonde ni très large, mais le fond en est vaseux et glissant et l'on a peine à s'en dépêtrer. J'en fais tout de suite l'expérience. Au beau milieu mon cheval perd pied, fait le plongeon; je saute de côté pour éviter d'être pris sous lui et me voilà dans l'eau jusqu'aux épaules; les soldats turcs m'aident à m'en tirer, ramènent le cheval déjà passé de l'autre côté, je remonte et je traverse cette fois sans encombre, mais les photographies que j'ai faites ont pris avec moi le bain complet.

Du Karasou à la colline de Tchataldja c'est la plaine nue sans un arbre, sans un pli de terrain que le remblai du chemin de fer. Les troupes bulgares qui avancèrent là durant les journées du 17 et du 18 étaient sacrifiées d'avance. Aussi n'est-ce pas de ce côté que l'effort principal a été tenté. A un kilomètre de la rivière subsistent les tranchées creusées par elles durant la nuit du 17 au 18. Près de la voie la terre, fraîchement remuée, indique les points où les corvées de soldats turcs, envoyées au moment de l'armistice, ont enterré les morts ennemis. Plusieurs, cependant, sont demeurés là, abominablement déformés, à demi dévorés par les chiens et les oiseaux, loques où les débris humains ne se distinguent plus des restes d'uniforme qui les enveloppent ; l'un est couché sur le nez et n'a plus de jambes, l'autre, la face au ciel, a les mains sanglantes, soit qu'elles aient été mordues par les chiens, soit qu'au moment où il a été frappé il les ait mises sur sa blessure ; enfin un autre, — et le cadavre de celui-ci a été certainement mutilé et tourné en dérision, car la nature, ni le temps, ni les animaux carnassiers n'outragent de cette façon, — un autre est enterré seulement jusqu'aux aisselles, ses deux bras étendus comme s'il faisait effort pour retirer son corps de la terre qui l'étreint, tandis que la tête contredit à ce mouvement, abandonnée, renversée en arrière, les lèvres découvrant les dents et noire comme si on l'avait rôtie.

A deux kilomètres de la rivière finissent les territoires turcs marqués de petits drapeaux et, à cinq cents mètres au delà, des drapeaux blancs bulgares leur font face. Nous passons ceux-ci ; l'un de nos cavaliers brandit un fanion blanc, car nul n'a droit de vie entre ces deux limites. Sur la colline devant nous, qui masque Tchataldja, on voit des soldats bulgares travaillant aux tranchées ; leurs silhouettes se découpent nettement sur le ciel. Nous avançons toujours. La colline fait un coude et, au delà, appuyée à la montagne, apparaît Tchataldja à deux kilomètres de nous à peine. Nul ne nous arrête. Dans la plaine, du côté d'Ezetin, personne, point de campements. Cependant une toile rouge de tente s'aperçoit à un kilomètre environ ; des soldats en sortent de tous points semblables à cette distance à des soldats turcs. Ils arrivent près de nous et nous font signe de nous arrêter. Les deux soldats bulgares nous joignent, présentent les armes. Ils parlent turc tous deux et appartiennent, l'un au 10ᵉ, l'autre au 25ᵉ régiment d'infanterie. Un autre les rejoint et part à la recherche des officiers ; quelque temps après vient un sous-officier qui nous dit de faire volte-face, de regarder dans la direction d'où nous venons et point du côté de Tchataldja. Vers 3 heures, un groupe d'officiers descend de la colline voisine. Ils sont quatre, deux capitaines, un sous-lieutenant de réserve et un cadet de l'école militaire. On se serre la main très cordialement ; tous parlent assez bien français ; l'un enlève son manteau, l'étend sur le talus et, nous invitant à nous asseoir, dit : « Voilà notre canapé » ; le cadet reste debout, raide, au port d'armes, mais la figure épanouie et comme pleine d'admiration d'assister à cette rencontre cordiale entre officiers turcs et bulgares. On se fait toutes sortes de politesses, le lieutenant turc dit en français à l'un des capitaines bulgares : « Votre figure m'est très sympathique » et, de fait, celui-ci est un Slave blond, aux yeux bleus, souriant, avec ce quelque chose de doux et d'enveloppant dans l'expression qu'ont certains Slaves. Il rit, on se serre la main encore une fois. J'explique mon intention d'aller à Andrinople ; je montre la lettre que j'ai obtenue de l'ambassade de Russie demandant aux autorités royales bulgares, soit militaires, soit civiles, de me laisser passer et de m'aider au besoin, une autre lettre pour Choukri pacha, commandant la place d'Andrinople. Je déclare que je resterai dans cette ville jusqu'à la fin de la guerre, que j'accepte de traverser les lignes bulgares les yeux bandés, sans domestique et avec aussi peu de bagages que possible. Ils me disent qu'ils ne peuvent me donner de réponse catégorique, mais qu'ils ne pensent pas que leur général fasse d'objection sérieuse à ma demande, que peut-être il en référera au général Savoff et, qu'en tel cas, je serai obligé de revenir demain. Ils envoient un homme porter ma lettre à Tchataldja. Nous causons de la guerre, de la paix ; ils demandent des nouvelles, font quelques calembours et jeux de mots pour me montrer qu'ils sont initiés aux finesses du français. L'estafette revient ; impossible d'avoir une réponse ce soir : « Soyez ici demain, me disent-ils, à 10 heures, amenez votre domestique et vos bagages et laissez-les au premier drapeau blanc. Aussitôt que vous aurez en main votre laissez-passer, nous enverrons des soldats chercher vos bagages et vous dirons comment vous pouvez vous rendre à Andrinople. »

A Bakchaïchkeuï le train est toujours là, mais ne retournera vers Hademkeuï que tard dans la nuit. Le lieutenant prend sur lui de me faire traverser les lignes turques, et en deux heures à cheval nous sommes de retour.

Je rends de nouveau visite à Ahmed Abouk pacha et lui raconte notre journée : « Eh bien, voilà qui est fait, me dit-il ; je ne doutais pas qu'ils vous accueillissent à bras ouverts. Demain je vous donnerai trois chevaux pour votre bagage et votre domestique, et l'escorte que vous aviez ce matin. Vous traverserez les lignes mais, peut-être, sera-t-on forcé à deux ou trois passages de vous bander les yeux ; ne vous en offensez point. » Nous causons longuement, le général m'offre une grande boîte de cigarettes pour mon voyage ; je n'en trouverai peut-être pas d'ici longtemps. Je le remercie de m'avoir logé chez une compatriote. Il m'entretient de la question d'Orient et, à mon grand étonnement, me cite Guizot qu'il relit ici, dit-il, à ses heures perdues, et qui, selon lui, avait proposé de cette question la solution la plus juste, la plus humaine, la plus facile. « Enfin, ajoute-t-il, nous reparlerons de cela après la guerre ; faites bon voyage, saluez Choukri pacha de ma part. »

Il pleut toute la nuit.

*
* *

Samedi 28.

Le ciel s'est dégagé, mais l'effroyable bourbier est devenu quelque chose d'inexprimable par aucun mot humain. A 8 heures nous chargeons les chevaux et partons en compagnie du lieutenant Nebil Chakir bey.

Les fondrières alternent avec les patinoires. Pour mettre mon guide à l'aise je lui dis qu'il pourra me bander les yeux quand il lui plaira et que je ne penserai nullement à m'en offenser : « C'est inutile, nous avons toute confiance en vous », me dit-il. Au passage du Karasou, il manque à son tour de tomber dans l'eau avec son cheval, mais, plus heureux ou plus habile que moi, il s'en tire seulement avec un bain de pieds et un demi-bain de siège.

Nous sommes à 11^{h}30 au rendez-vous. Personne ! Deux soldats bulgares arrivent, nous font signe de faire volte-face et se rangent de chaque côté de la voie baïonnette au canon. Nous attendons jusqu'à 2 heures sans voir personne. Vient alors un officier. Il parle à peine quelques mots de français, mais nous explique cependant qu'il va aller s'informer de notre affaire à Tchataldja, auprès du général. 4 heures, la nuit tombe, il faut nous en aller; nous décidons de remettre un mot aux soldats, avertissant le quartier général que nous reviendrons demain à la même heure. Au moment où nous allons partir, l'officier retourne enfin : « Je regrette, me dit-il en mauvais français, mais impossible! » et il me remet la lettre de l'ambassade de Russie. J'essaie de parlementer. C'est en vain! il ne comprend rien à ce que je dis. S'approchant de l'officier turc il lui demande : « C'est bien là le correspondant de *l'Illustration!* » et c'est le dernier mot.

Nous rentrons; la boue, la boue encore, mortelle aux hommes et aux animaux, transportant les épidémies, l'air humide chargé de fièvre. Le long d'une montée assez rude qui va d'une source où l'on vient chercher l'eau pour la transporter aux campements, je compte sur une distance de quatre cents mètres, vingt-deux cadavres de chevaux en putréfaction.

Mme Romano nous a préparé des boulettes de pommes de terre et une salade de haricots à l'ail, puissante, parfumée, que je mange avec délices. Après le repas, comptes du samedi soir entre les associés, trois Grecs et la dame. C'est un beau spectacle : les trois hommes, l'un d'une maigreur squelettique, à la peau verte, aux traits saturniens, les deux autres diversement gras, aux faces lumineuses, et la Française, celle-ci présidant du haut de son binocle, et les quatre paires d'yeux fixées sur le tas d'or et d'argent, les quatre nez qui le flairent, les huit mains qui le tâtent, les quatre cerveaux qui supputent le gain, comptent les parts, cherchent le para, le centime, la piastre qui manque. A ce spectacle mon domestique est enivré et s'écrie : « Je m'associe avec vous, je mets quarante livres dans le commerce ! » — « C'est lë bénéfice fait sur les correspondants de guerre et l'argent chapardé sur mes comptes, animal ! » — « Ah ! me répondit-il, médiocre métier, on mettrait cent ans à s'y enrichir; mieux vaut piller en Macédoine ! »...

*
* *

Dimanche 29.

Le train parti à midi m'amène à 4ʰ 3o à Constantinople, ayant vaillamment franchi dans ce temps cinquante kilomètres.

Pendant l'armistice

1er janvier 1913.

Je viens de voir Enver bey, arrivé depuis quelques jours de Cyrénaïque, ayant coupé sa barbe, frais et rose, mais plus glacial, plus taciturne que jamais. Il estime qu'ici rien n'est perdu; il croit que la guerre va recommencer; il la désire et pense qu'avec quelque effort, un peu de bonne volonté, un emploi raisonné des immenses forces dont dispose encore la Turquie, elle devrait être victorieuse à la seconde épreuve. « Et ensuite, retournerez-vous en Cyrénaïque? » lui ai-je demandé. — « Je suis prêt à me rendre partout où me réclamera le service de mon pays. »

Des Arabes entrent; un vieux cheik le serre dans ses bras.

Ici on ne se déteste pas moins de Turc à Turc que de Turc à Bulgare ou de Bulgare à Grec. Il m'arrive, me trouvant au café dans une compa-

gnie, de la quitter pour aller à une table voisine
saluer quelques personnes, officiers ou civils,
de ma connaissance. Ceux-ci me disent : « Que
faites-vous avec ces bandits ? » Et lorsque je
retourne vers les premiers : « Ah ! Ah ! ces
gens-là, me dit-on, jouissent de leur reste ; dans
huit jours ce sera fini de leur règne et dans dix
vous les verrez se balancer aux potences du nouveau pont. » On parle quotidiennement de massacres ou de révolution. Qu'en faut-il croire ?
Jusqu'ici l'ordre à été maintenu très fermement
dans la ville. A peine y a-t-il eu quelques menus
incidents vite étouffés par la police et dont la
presse n'a pas parlé. Après Tchataldja on avait
annoncé l'arrivée de mille prisonniers bulgares
qui devaient défiler à Stamboul en compagnie
de quelques douzaines de canon. La foule s'était
amassée pour les voir. A leur place arrivent des
blessés et des malades, mais turcs. Il y avait
une certaine surexcitation et comme une sorte
de grondement du populaire. Un hodja monte
sur une borne et, levant les bras vers le Dieu
tout-puissant, commence à déclamer ; on
s'amasse autour de lui, quand débouche une
patrouille de cavalerie dont l'officier cueille le
hodja par le collet et le traîne ainsi sans plus de
cérémonie jusqu'à un « caracol » voisin où des

soldats d'infanterie l'empoignent, le poussent dans un coin à l'abri des gens indiscrets et l'abattent comme un chien. Ainsi m'a-t-il été raconté par un médecin de marine, témoin oculaire.

Il paraît qu'on voit aussi arriver, de temps à autre, de bons Kurdes, des volontaires, des bachi-bouzouk bien intentionnés qui se présentent d'eux-mêmes à la police, disant : « Nous voici, nous venons pour le massacre. » On les remercie, on ne les lâche plus et on les expédie bien encadrés aux avant-postes.

*
* *

9 janvier.

Après que tout le monde a cru à la paix, nous en sommes aujourd'hui de nouveau à la guerre, et personne ici, dans aucun milieu, ne semble douter qu'elle doive en effet recommencer.

Il peut sembler curieux que la Bulgarie, dont les pertes en hommes ont été si grandes, veuille risquer de tout remettre en jeu sur la question d'Andrinople. Mais ces Bulgares sont gens entêtés, sûrs de leur affaire, animés d'une foi invincible. Ils ne doutent pas, assurent-ils, d'arriver cette fois à Constantinople. Cet entêtement, cette confiance, cette volonté, je les voyais nettement inscrits l'autre jour dans tous les traits de ce monsieur Popoff resté seul ici, durant la guerre, comme chargé d'affaires de Bulgarie, et qui vit au consulat de Russie. Je les lisais de même sur les visages des officiers rencontrés aux lignes de Tchataldja. Cependant ils avaient une semblable assurance à la veille du 17 novembre et si vive et si convaincante qu'elle avait gagné les correspondants de guerre qui se trouvaient dans leur camp, et jusqu'aux ambassadeurs dans Constantinople même. Or ils n'ont point passé et l'essai leur en a coûté cher, tandis que les Turcs, bien à l'abri derrière leurs positions, ont peu ou point souffert.

Ces positions de Tchataldja sont aujourd'hui infiniment plus solides qu'elles n'étaient durant la semaine du 17 au 24. Que faudra-t-il donc sacrifier pour les conquérir si on les conquiert jamais? Il y a là maintenant près de 140.000 hommes formidablement retranchés.

D'autre part les Turcs concentrent de nouvelles troupes sur le littoral asiatique. Il y aurait 20.000 hommes à Ismidt, autant à Moudania, autant à Panderma. Ces troupes seraient, paraît-il, destinées à un débarquement qui s'opérerait sous la protection des navires de guerre au sud-ouest de Rodosto. En même temps que cette armée prendrait pied sur la côte d'Europe, les deux divisions (40.000 hommes) qui se trouvent en avant de Gallipoli, sur les lignes de Boulaïr, appuieraient le mouvement des troupes de débarquement et, refoulant les Bulgares, viendraient prendre à revers l'armée de Tchataldja. Un autre corps, composé de troupes d'Asie, débarquerait à Midia sur la Mer Noire et agirait lui aussi de ce côté sur les derrières de l'armée bulgare. On prétend que ce corps de débarquement serait confié à Enver bey. Fethi bey commande à Gallipoli sous les ordres de Fakri pacha (2ᵉ corps). Deux divisions au moins pourraient être distraites des lignes de Tchataldja pour renforcer les troupes d'Asie débarquant au sud-ouest de Rodosto ou à Midia. Il va sans dire qu'un tel ensemble d'opérations exige un doigté, un tact, une précision dont les Turcs ne se sont jamais montrés capables, dont ils n'ont point d'idée, et que ce beau plan offensif pourrait conduire à la déroute définitive et sans remède cette fois. « J'ai voulu conserver une armée à l'Empire, » disait l'archiduc Charles après Wagram, lorsqu'on lui reprochait de s'être retiré sur une simple attaque de Macdonald et sans avoir été réellement vaincu. Mais il semble bien ici que les jeunes Turcs, les jeunes officiers, ceux qui se sont distingués au Yémen, en Macédoine, en Tripolitaine, veuillent risquer cette dernière armée de l'Empire, et jouer, quitte ou double, une dernière carte. Qu'est-ce qu'ils risquent ? Ils sont au point où, dévorés un peu plus tôt un peu plus tard, il vaut mieux que d'atermoyer, mordre un bon coup avant de périr, et se payer au moins la satisfaction d'entamer la peau de l'adversaire. Telle est la situation : des deux côtés un très fort parti décidé à la guerre et qui a dépassé le point de vue des considérations propres à le retenir. Le désir et la volonté de la paix chez la plupart des grandes puissances, le lieu où se traitent les négociations, le fait que des négociateurs, discutant ensemble depuis un mois, sont quelque peu « de mèche » en dépit qu'ils en aient, l'emporteront-ils sur l'entêtement que les autres mettent à vouloir se battre ? On le saura, je pense, dans peu de jours.

Djemil Munir, qu'on avait envoyé dresser le régiment de cavaliers kurdes à Scutari, ayant eu l'idée malencontreuse de leur vouloir faire faire l'exercice, ceux-ci se sont mutinés contre lui et l'ont chassé. Il s'en tire à bon compte car ces mêmes Kurdes avaient auparavant tué le long de la route, pour le détrousser, leur docteur, brave volontaire venu à leur suite pour les soigner. Peut-être doutaient-ils de sa science et préféraient-ils son argent ?

*
* *

11 janvier.

Toujours même incertitude quant aux événements. La première personne rencontrée annonce la paix, la deuxième la guerre à outrance, la troisième les massacres et le rétablissement d'Abdul Hamid.

Il semble bien que les Turcs soient au bout de leur rouleau de concessions. Ce que l'Europe demande aujourd'hui à leurs pauvres ministres, c'est non seulement Andrinople et les îles, mais leur propre peau. Le piétinement du vaincu, le cynisme de notre presse ont tout de même quelque chose qui choque. Et aussi est-on si sûr qu'un sursaut ne se puisse produire chez des gens que l'on cloue au mur des fusillés ? Si faible que puisse être ce sursaut, si persuadé qu'on soit de l'écraser, ne peut-il entraîner le risque

d'une guerre générale ? En tel cas y est-on prêt
en France, y est-on décidé ?

Le ministre des Affaires étrangères, Noradounghian effendi, disait hier à Paul Erio, du
Journal : « Si Andrinople continue de résister,
nous ferons la guerre pour la délivrer. Si elle
est prise, nous ferons encore la guerre pour la
reprendre. » « Et, ajoute Erio, il ne bluffait
pas ; vraiment il était émouvant, indigné, sentant qu'il y allait de son honneur, de sa vie sans
doute aussi. En cas de révolution, il serait le
premier assassiné ! »

« Pas moyen de se faire tuer »

———

11 janvier.

Hier matin, vendredi, j'ai vu arriver dans ma chambre un de mes amis turcs, ayant ici une importante situation, homme sage, mesuré, circonspect, plein d'esprit, et qui, contrairement à son habitude, me parut en proie à la plus vive surexcitation. Il était surchargé de paquets, serviettes de cuir regorgeant de paperasses : « Voulez-vous, me dit-il, me permettre de déposer ceci chez vous ? Je ne voudrais point que ces papiers tombassent aux mains de la police, et je vais dès ce soir être arrêté, qui sait ? pendu peut-être. » — « Eh quoi ! allez-vous tuer de ce pas le grand Vizir ? » — « Je vous conterai cela dans la rue. Venez ! »

Nous prîmes un fiacre et ordonnâmes au cocher de nous conduire à Stamboul. Mon ami poursuivit : « C'est un crime insupportable pour notre pays que d'abandonner Andrinople qui ne s'est pas rendue, un crime de signer la paix dans des conditions déshonorantes avec toutes les ressources dont nous disposons encore ; un bon Turc ne le doit pas souffrir. Aussi ai-je projeté de me rendre aujourd'hui, à l'heure de la grande prière, à la mosquée Fatih (Mahomet le Victorieux) et là de parler à la foule en ces termes : « On nous trahit ; le Gouvernement, acheté par « l'ennemi, vend notre patrie. Allons tous deman- « der au Sultan le renvoi du grand Vizir et du « ministre des Affaires étrangères. Que le peuple « de Stamboul impose la continuation de la « guerre, de la guerre nationale à outrance. S'il « y a des soldats ici, parmi nous, qu'ils ne nous « accompagnent point, car nous ne voulons pas « porter d'atteinte à la discipline militaire ; si « quelqu'un de vous porte une arme, qu'il la « dépose ; si l'on vous fait charger par la police « et la cavalerie, agenouillez-vous, chantez des « prières et répétez le nom de Dieu ! » Nul doute que ces paroles ne soient écoutées.

« Alors j'ai voulu que vous puissiez, puisque vous êtes un vieil ami des Turcs, être le premier et le seul à assister à ce grand événement et à le décrire pour l'*Illustration*. Enfin, si le coup rate et que je sois arrêté et emprisonné, tâchez d'intriguer en ma faveur et de me faire épargner de trop mauvais traitements. »

Mon ami, quelque peu douillet, bien que révolutionnaire, m'expliqua ensuite qu'il avait pris certaines précautions contre le froid, l'humidité et la vermine, en prévision de son incarcération prochaine : double flanelle, triples paires de chaussettes, petit flacon d'eau de lavande et quelque poudre destinée à combattre les insectes qui pullulent dans les « caracols » ottomans.

Nous fîmes au bazar une collation légère ; puis nous nous dirigeâmes vers la mosquée du Victorieux. Avec toute la gravité convenable, avant que d'entreprendre un acte de cette importance, nous visitâmes son tombeau afin de nous placer sous une auguste protection. Un vieux marabout, plus que centenaire, marmonnant des prières d'une voix chantante et ultra-séculaire, accroupi dans un monceau de couvertures, enveloppé de fourrures, dodelinant de la tête et roulant dans une figure en porcelaine archi-craquelée des yeux bleus qui, depuis un temps immémorial, n'appartenaient plus à ce monde, nous tendit à baiser sa petite main de momie.

Puis j'allai m'installer non loin de là dans une de ces petites boutiques de café construites en bois et peintes en rouge, où mon ami me dit d'attendre le début de la révolution, c'est-à-dire son apparition sur les marches glorieuses de la mosquée, escorté d'une foule enthousiaste.

Je demeurai là une heure environ, buvant petits cafés sur petits cafés dans une tasse minuscule, entouré de la prévenance du Kawadji et de la courtoisie des habitués. Quand, tout à coup, j'entendis des chants, et, mettant le nez à la fenêtre, je vis une troupe d'hommes barrant la grande avenue qui passe au pied de la mosquée et arrêtant les voitures. « Est-ce que le coup aurait réussi ? » pensai-je, et je me précipitai dehors, braquant déjà mon appareil photographique. On me reçut assez mal. Je compris aux visages hostiles et à quelques gestes qu'il convenait de m'écarter. Hélas ! ce n'était point la révolution, mais une série d'enterrements, fort nombreux par ce temps d'épidémie, et qui avaient attiré ce concours de gens. Une vingtaine de cercueils étaient disposés, les uns à côté des autres, interdisant le passage et auprès desquels les prêtres récitaient, les mains au ciel, les prières accoutumées.

Attendant toujours, je me mis à faire les cent pas, tenu à l'œil par la foule. L'espoir allait diminuant. La plus grande partie des fidèles avaient quitté la mosquée. Maintenant, à peine si quelques-uns continuaient de s'entretenir aux portes, ou remettaient lentement leurs chaussures. Le grand portique était vide.

Je vis enfin sortir mon ami, tout petit sur le large escalier, seul, sans cortège, enveloppé dans sa douillette fourrée, les mains dans les manches, et l'air quelque peu déconfit.

« Eh bien, lui dis-je ? » — « Ah ! me répondit-il, mon pauvre ami, qu'il est donc difficile de faire une révolution ! J'ai trouvé tout de suite ces gens-là mal disposés à accueillir la bonne parole. Ils ne me ressemblaient pas. J'étais là comme un bourgeois, un richard en pelisse au milieu de pauvres diables. Et puis j'ai un peu désappris les gestes de la prière, j'étais obligé de regarder mes voisins autour de moi pour ne pas me tromper et ils s'en apercevaient. Et surtout je vis que la chaire à prêcher était haute, entourée au sommet d'une petite balustrade et sans escalier pour y monter ; il la fallait prendre d'assaut. Il y avait bien une échelle, mais placée loin, le long du mur et si épaisse et si lourde que je n'eusse pu la transporter. Tout mon enthousiasme est venu se briser contre cet obstacle misérable et terrible. Je ne suis ni acrobate, ni homme de sport !

« Cependant la prière finissait et, comme je m'approchais de la chaire, indécis encore, un hodja, vieux, à barbe blanche, long et maigre et, malgré l'âge, souple comme un lévrier, avait troussé sa robe, fait un rétablissement, enjambé la rampe et se répandait en paroles sonores que le bon peuple écoutait bouche bée. Moi-même je dus l'entendre et patienter dans l'espoir de prendre sa place. Mais cela dura longtemps et, lorsqu'il eut fini, la foule s'écoula saturée d'éloquence. J'eusse, après lui, parlé dans le désert. »

Nous retraversions, quelque peu tristes, les rues si calmes que nous avions rêvé d'emplir du fracas de l'émeute et franchissions les ruisseaux sordides alimentés par la pluie, que nous avions, à l'aller, pensé revoir rouges de sang : foules en prières, charges des Kurdes, décor empourpré de Stamboul, affolement d'un bout à l'autre de la ville, descente des marins des navires de guerre étrangers, hélas ! « occasions perdues », aurait dit le général Izzet Fuad pacha, et tout cela pour une chaire un peu haute et sans escalier. « Je vais de ce pas, me dit mon ami, porter mon discours au journal d'opposition qui le publiera dès demain. Le résultat sera sans doute le même ; et tout du moins je serai révoqué, peut-être emprisonné. »

Nous y fûmes ; le journal venait d'être suspendu.

« Allons, mon pauvre ami, « pas moyen de se « faire tuer », comme disait le grand Maréchal ! »

Nous rentrâmes, ce soir-là, la tête assez basse dans Péra.

Paix ou guerre

12 janvier.

Il est entendu que si la guerre recommence, je suivrai la division de cavalerie reconstituée que commande Salih pacha. J'y trouverai de nombreux amis, Djemil Munir, Ali Nouri Tewfik, le prince Vlora, grand nombre d'autres. On dit que cette cavalerie sera débarquée sur quelque point de la côte de Marmara. J'aurai ainsi l'occasion d'assister de près à ce qui sera sans doute une grandiose défaite. J'avoue cependant que je serais trop heureux de voir les Turcs battre les Bulgares, ne serait-ce que pour rabattre un peu le caquet de ceux-ci et jouir de la tête que l'on ferait en Europe où, après avoir cru, dur comme fer, aux succès turcs, on croit aujourd'hui, ferme comme acier, aux victoires bulgares. Malheureusement il y avait toutes les raisons de ne pas admettre la possibilité des premiers, et il y en a, au contraire, aujourd'hui quelques bonnes d'espérer les secondes.

*
* *

13 janvier.

Nouvelles menaces de manifestations révolutionnaires ces jours derniers. Elles ont échoué.
Les Jeunes Turcs n'ont guère envie de reprendre
en ce moment la succession du cabinet Kiamil;
ils préfèrent lui laisser toute la responsabilité
de la paix ou de la guerre, se contentant de lui
susciter quelques ennuis.

Cependant il passe, de temps à autre, comme
à la veille de Tchataldja, un petit frisson de peur
sur la population pérote, quelque chose de bref
comme la petite mort.

*
* *

16 janvier.

Aujourd'hui devait se réunir l'assemblée des
notables qui, d'accord avec le Gouvernement,
a charge de décider de la paix ou de la guerre,
mais on dit, ce matin, que la convocation en est
remise à demain ou après-demain. Je me demande de quelle utilité elle sera, et de quel
poids sa décision ?

Les négociations traînent. Les puissances

ajournent de vingt-quatre heures en vingt-quatre heures leur intervention et menacent de devenir ridicules. Que dirait-on en Europe, si le jour où les ambassadeurs se rendront à la Sublime Porte on se saisissait d'eux et on les fourrait, selon l'antique usage, dans l'une des tours de Yedi Koulé en compagnie des rats, des chats-huants et des corbeaux? Tous les bons esprits, tous ceux qui ont le sourire et le sens du décor historique passeraient du coup du côté des Turcs.

Mais ce pays-ci ne réagit plus. « Pensez-vous que nous aurons la révolution dans la rue? », demandai-je à un jeune officier turc ; il hausse les épaules : « Ce peuple, me dit-il, ne s'est jamais battu pour des idées, pourquoi commencerait-il aujourd'hui? Son unique ressort, le fanatisme, est bien affaibli. Quant aux soldats, ils sont las et n'y comprennent plus rien. « Pourquoi « nous battons-nous? demandent-ils, on assure « que c'est pour la patrie. Depuis trois ou quatre « ans qu'on nous parle de cette « patrie », nous « n'avons pas cessé de recevoir des coups de tous « côtés, sans savoir pourquoi ni comment, et « l'Empire n'a pas discontinué d'être envahi et « de décroître. »

« Vous croyez, continua-t-il, que la révolution jeune-turque a été une révolution excitée par les idées? Allons donc! Des ventres creux qui voulaient s'emplir, et un peu d'illuminisme maçonnique, soufflé par les Juifs et les jeunes Ottomans frais débarqués de Montpellier qui avaient entendu parler vos méridionaux!» Un instant j'ai eu envie de lui répondre qu'il n'y en avait pas beaucoup plus dans la Révolution française. Mais non! Il y avait l'âme française, le Comité de Salut public et la dictature de Robespierre. Et cela compte assez pour qu'une comparaison soit impossible.

— Oui, ce peuple de militaires dont la fibre guerrière s'est détendue, et de fonctionnaires, ce peuple sans attache à la terre conquise et qui n'a rien produit, s'en va comme il était venu.

Lorsqu'un Turc, sous le dernier règne, s'avisait de choisir une profession libérale ou un métier, ou de faire le commerce, on l'appelait au Palais et, après une semonce, on lui disait : « Combien gagnes-tu à faire ainsi la concurrence aux Giaours? » — « Tant. » — « Eh bien tu seras nommé à telle fonction à tant d'appointements, va, c'est une affaire réglée! » Comment se fût-il attaché à ce pays? Il servait un maître par fanatisme ou par intérêt.

Et malgré tout j'ai peine à le voir déchiqueter, ce malheureux peuple. Munir pacha me montrait

des articles de journaux parus en Turquie lors
de la guerre de 1870 témoignant de l'universelle,
de l'unanime sympathie de ses compatriotes pour
nous au moment de notre malheur; le Sultan
offrait à la France l'aide de son armée et de sa
flotte. Enfin j'admire les Bulgares, je voudrais
voir chez les Français le même héroïsme, la
même flamme, le même mépris de la mort, et
un peu de cette volonté si furieusement tendue,
mais j'ai des doutes sur la solidité de leur amitié
pour nous.

Sommes-nous donc d'une façon si complète et
si nécessaire à la remorque de la politique russe
en Orient? Ce pays-ci était nôtre par l'influence,
par la langue, par les affaires. Avec un peu d'audace et de bonne volonté, nous y eussions été
maîtres incontestés. Je crois que de jeunes peuples, actifs, fats comme des vainqueurs, jaloux,
entreprenants, aussitôt installés en lieu et place
des Turcs, n'auront qu'une pensée, c'est de nous
mettre à la porte. C'est légitime, aucun accord
préalable n'y servira de rien. Nous croissions et
nous prospérions, moins que nous n'aurions dû
à la vérité, au milieu d'un pays en décomposition,
livré à l'étranger, et dont les sympathies allaient
plus volontiers à nous qu'à d'autres. Les nouveaux venus nous élimineront rapidement.

— On me raconte que lorsque Abdul Hamid
fut ramené ici sur le yacht allemand *Loreley*, il
se fit expliquer longuement les causes de la
guerre, les raisons de l'union des alliés, Grecs,
Serbes, Bulgares, qu'il avait vus s'entre-dévorer.
Il n'en revenait pas et disait : « Mais il n'y a
donc plus deux églises à Constantinople, exar-
chat et patriarchat, et on a laissé cela se faire » !
Puis il prit son mouchoir, le déchira en petits
morceaux qu'il jetait au vent et dit : « Maintenant voilà la Turquie. » Vraie ou fausse, c'est
une anecdote orientale, d'un bon style !

Le « Grand Divan »

—

Constantinople, 22 janvier 1913.

Je sors du « Grand Divan » convoqué à titre
consultatif par le Gouvernement soucieux, au
moment de décider de la paix ou de la guerre et
de répondre à la note collective des puissances,
d'être assuré de l'assentiment et de l'appui des
personnages les plus illustres de la nation. Une
même assemblée avait été réunie en 1827, lors de
la guerre de l'indépendance grecque, une autre
en 1877, au temps de la guerre russo-turque.
Toutes deux avaient décidé la continuation de la
guerre à outrance, jusqu'au dernier vaisseau,
jusqu'au dernier canon. C'est la paix qui sort de
celle-ci.

A 11ʰ 3o, je me rends au palais impérial de
Dolma Bagtché en compagnie de Jean Servien
du *Petit Marseillais*. Aux alentours, pas un curieux ; on l'aurait cherché en vain. A Paris, dans

une occasion semblable, cent mille personnes
s'écraseraient dans les rues avoisinantes ; elles
n'en apprendraient rien de plus, ni plus vite,
mais enfin elles contempleraient de leurs yeux
l'endroit où se passe quelque chose qui intéresse
la vie de leur pays, elles manifesteraient d'un
commun accord, ou en sens divers, par leurs
murmures, leurs discussions, leur grouillement
même, l'existence d'une opinion publique, d'un
peuple qui veut vivre et se sent vivre. Ici, rien !
C'était la même chose à Hademkeuï la nuit de
l'armistice ; deux journalistes français s'étaient
seuls dérangés pour assister au retour de Nazim
pacha ; et le lendemain, le long de la route jusqu'à Constantinople, pas un paysan, pas un soldat ne les interrogea sur la paix ou la guerre.
Qu'importait, après tout, qu'importe encore aujourd'hui ? Et tant de silence et tant d'apathie
ont pour nous autres je ne sais quoi d'impres-
sionnant, lorsque nous nous penchons pour écouter en vain les palpitations du cœur de ce peuple
et de cette ville ; il semble que ce soit le néant
qui réponde.

Quelques patrouilles circulent d'un pas lourd
et se dandinent pesamment. Des policiers à pied
et à cheval barrent les portes du palais ; des cavaliers sont massés dans la caserne voisine.

On nous fait quelques difficultés pour passer ;
un officier de paix assez insolent veut nous
chasser, et, sur notre refus de partir, déclare
que les Européens sont plus barbares que les
Turcs, quoi qu'ils prétendent. Nous ne bou-
geons ; je lui dis de nous faire arrêter s'il lui plaît
ainsi, et la petite altercation continue quelque
temps en langage turc et dans cet ineffable sabir
levantin ou plus exactement pérote, en usage
ici, jusqu'à ce qu'intervienne un haut fonction-
naire de police, fort courtois, qui nous assigne
une place. A midi moins le quart, des landaus,
des voitures de place, quelques automobiles, se
succèdent, amenant les notables ; la grande
porte s'ouvre pour laisser passer l'équipage du
prince héritier Youssouf Izeddine, et du grand
vizir. A 12^{h}30, tout mouvement a cessé.

Nous revenons à 2 heures. Même silence aux
abords du palais. Les seuls curieux sont toujours
quelques journalistes français, Paul Erio, du
Journal, Cuinet, du *Matin,* Mothu, de l'*Havas,*
Genève, du *Stamboul,* et des journalistes locaux.
Cette fois on nous laisse, sur notre demande,
pénétrer dans les jardins, puis dans le grand
salon du rez-de-chaussée qui précède l'escalier
d'honneur, lequel donne accès au salon des ambassadeurs, ainsi nommé parce que le Sultan

Aziz y accordait ses audiences aux ambassadeurs étrangers, et dans lequel se tient aujourd'hui le « Grand Divan ».

On nous fait quelques communications : Mahmoud Chefket pacha, l'ancien grand vizir, le prince Sabaheddine bey, l'ancien Cheik ul Islam Moussa Kiasim effendi, l'ex-commandant de l'armée de l'Est Abdullah pacha se sont excusés. Les princes assistent à la réunion d'un salon voisin. Le Sultan est demeuré dans ses appartements, mais est constamment tenu au courant des débats. Dans la salle de réunion, les notables se sont groupés par professions, militaires, ulémas, sénateurs, fonctionnaires civils. A 1ʰ3o, le grand vizir a proclamé l'ouverture de l'assemblée ; il a fait lire une traduction de la note collective des puissances, suivie de quelques explications. Puis Nazim pacha, ministre de la Guerre, a déclaré que l'armée était prête à faire son devoir. Abdurrhaman bey, ministre des Finances, a exposé la situation financière de l'Empire et conclu à la nécessité de la paix ; au nom de Noradounghian effendi, ministre des Affaires étrangères, indisposé, mais présent, Saïd bey a donné lecture de l'exposé écrit par celui-ci, concluant également à la paix.

Les deux vieux adversaires irréductibles, Saïd

pacha et Kiamil pacha, se sont serré la main, réconciliés, et ont longuement tenu conversation.

Le ministre des Affaires étrangères, Gabriel Noradounghian effendi, a fait remarquer, à la suite de l'exposé de la situation extérieure, que la Turquie avait à répondre non seulement à l'adresse des puissances, mais à une note particulière de la Russie, menaçant de prendre à son compte les intérêts des alliés.

Comme nous n'avons point accès à la salle des délibérations, je parcours les salons du rez-de-chaussée : meubles dorés, rideaux, baldaquins à l'européenne pour ne pas dire pis, glaces prismatiques, lampadaires en cristal, vases de Sèvres, quelques tableaux parmi lesquels je distingue un Fromentin, *Coin du Bosphore,* d'un beau ton chaud de coucher de soleil d'été, d'une pâte ambrée à la manière de Decamps, et qui me retient seul au milieu d'un certain nombre de toiles également banales. Une galerie donne sur la mer et le paysage des côtes d'Asie. Devant nous les cuirassés des puissances. On nous offre le café dans de jolies petites tasses dorées. Je pense qu'autrefois, après avoir bu, l'étiquette était de mettre tasse et soucoupe dans sa poche. J'en ai quelque envie, mais je n'ose, le reste du décor n'étant vraiment pas assez oriental.

On nous offre des cigarettes énormes, si longues qu'elles n'en finissent plus, et toutes dorées. Les beaux tapis, cet accueil délicat, ces cafés, ces cigarettes offertes, les huissiers et les domestiques muets qui glissent sans faire de bruit, le grand silence, me rappellent, en dépit de ce palais médiocre, où je ne sais quel architecte, arménien sans doute, a macaroniquement entremêlé les formes les plus molles et les plus décadentes de l'art hindou, de l'architecture antique et de la Renaissance ou du baroque italien, que ce peuple-ci a possédé un art merveilleux, sans doute emprunté à l'ancienne Byzance, mais pourtant original, qu'il a eu des demeures où la vie, différente de la nôtre, était d'une douceur incomparable, et nuancée de finesses dont le souvenir grise encore nos imaginations d'Occidentaux. Tout cela n'est plus !

Il est 4 heures. Un uléma à longue barbe blanche, enveloppé dans une pelisse noire, passe devant nous ; il s'approche de la fenêtre qui fait face à l'orient ; des lueurs projetées par le soleil couchant y traînent avant que s'y lève la nuit. Il prie, indifférent à notre présence, se

prosternant, se relevant, élevant les mains ou les
tenant autour des oreilles, ou les passant sur la
face, s'agenouillant de nouveau, vieux corps
assoupli à cette gymnastique sublime. L'occasion, la circonstance ne lui font pas hâter ou
saccader un geste. Qu'importent, pense-t-il sans
doute, auprès de la Grandeur de Dieu et des
promesses faites à ses croyants, ces accidents
passagers de la vie d'un peuple à qui l'empire
du monde est malgré tout assuré par décret
divin ?

Lorsque tous les discours ont été prononcés,
on a demandé s'il fallait voter. Mais un uléma
s'est levé et a dit : « Nous risquerions, en
agissant ainsi, de montrer que nous sommes en
désaccord dans une circonstance si grave ; bor-
nons-nous à aller tous baiser la main du grand
vizir. » Il en fut ainsi fait.

Nous quittons le palais et attendons dans les
jardins la sortie des notables. Le temps, beau
durant la journée, s'est couvert de nuages mena-
çants et il commence à pleuvoir.

Un petit vieux, tout brisé, paraît au haut
de l'escalier, il marche en tremblant ; un domestique le soutient, et, lentement, le conduit à sa
voiture. C'est Kutchuk Saïd pacha (le petit Saïd
pacha), l'ancien grand vizir ; Izzet pacha, celui

qui s'est illustré au Yémen, descend ensuite, large, la tête puissante, massif comme un bloc; puis de vieux généraux, des fonctionnaires en stambouline, des ulémas. Pas un mot, pas une conversation, pas un geste qui trahisse colère ou désespoir. Les visages sont graves, imprégnés de tristesse, il me semble retrouver quelque chose de cette expression poignante que je voyais sur les figures des soldats vaincus de Lulé-Bourgas et de Viza, identique sur tous, et qui est celle de la défaite acceptée. Acceptation nécessaire, inéluctable sans doute. Ils en portent le poids avec un tel air de noblesse, ces prêtres, ces vieux soldats usés dans toutes les guerres, ces hauts dignitaires de l'Empire, qu'on se sent pénétré d'une émotion profonde. Nous nous tenons tous découverts sur leur passage.

Les derniers, au sommet de l'escalier, apparaissent deux ulémas. Ils ont le turban vert impeccablement roulé, l'ample pelisse noire, de longues barbes et des visages très anciens. Ils s'arrêtent sur l'une des marches, l'un sort de sa poche une belle tabatière et la présente à l'autre, celui-ci se sert lentement, remercie, et tous deux hument le tabac parfumé, puis continuent, lentement toujours, comme ils ont fait tout le reste, à descendre le grand escalier.

Ce vieillard cassé, si proche du tombeau, dont un domestique soutient les pas, ce prêtre qui priait prosterné vers l'orient, parmi l'ameublement européen de ce salon prétentieux, ces deux ulémas qui semblaient dater du quinzième siècle et prenaient, d'un si beau geste, leur prise de tabac parfumé sur les marches du palais ; mais surtout le décor matériel et moral d'un tel spectacle, l'acharnement d'une partie de l'Europe hostile, la trahison de l'autre sur laquelle on comptait, l'indifférence populaire, les haines politiques seules vivaces, les cuirassés des puissances étrangères surveillant le palais, surveillant la ville, tout cela ne semblait-il pas se traduire trop clairement en deux mots : « *Finis Turquiæ* ».

Trop clairement certes ! Et cependant, en souvenir de tant d'années d'alliance, de tant de soldats morts pour les mêmes causes, d'une terre où notre influence, notre langue, nos mœurs même ont toujours régné et règnent encore, de l'amitié qui nous fut témoignée au temps de notre grand malheur et quand tous nous abandonnèrent, il faut refuser de les écrire. Je pense qu'il n'est aucun Français qui ait vécu ici, approché les Turcs, éprouvé ce qu'il y a de noble, d'excellent, dans le cœur, non pas de certains, mais du plus grand nombre, qui se défende de former aujourd'hui dans son cœur un souhait de relèvement et de revanche en faveur d'un peuple si malheureux.

*
* *

Pourquoi fait-on la paix? Pas d'argent, dit-on; on en avait certainement assez pour combattre durant un mois encore; la menace de la Russie ne se serait exécutée ni si facilement, ni si rapidement qu'elle veut bien le dire. L'armée turque était en meilleur état qu'au commencement de la campagne, et l'armée bulgare en bien pire condition. La balance se trouvait donc renversée. On ne m'ôtera point de l'idée que des hommes de cœur, énergiques, résolus à tout eussent continué la guerre, tenté un dernier effort.

Le coup d'État

---

23 janvier.

Voici le beau coup de théâtre « *alla Turca* » machiné par la Jeune Turquie, mais tout à fait digne de l'ancienne, de la plus vieille. Je ne regrette pas de ne l'avoir point prévu, puisque aussi bien tous y ont été trompés avec moi, et jusqu'à un vieux renard comme Kiamil pacha, qui en a cependant assez vu depuis son entrée dans la politique. L'impression qui ressortait du spectacle d'hier, du décor matériel et moral au milieu duquel il s'était déroulé, était bien telle que je l'ai décrite. Je n'y change rien et jouis au contraire violemment de l'imprévu et de la soudaineté du coup de scène.

Tous ont été pris au dépourvu.

Estimant la guerre terminée, n'ayant plus rien à faire, je commentais en compagnie d'un ami le « Grand Divan » de la veille : « Quelle apathie ! quelles âmes stupéfiées, habitant un autre monde ! Quoi ! pas un curieux, pas un manifestant, pas un sursaut chez ce peuple ! Ah ! c'est bien la fin, non seulement de la Turquie d'Europe, mais de la Turquie tout court ! »

Je rentrais chez moi vers 4 heures, lorsque quelqu'un me dit : « La révolution vient d'éclater, les ministres sont assassinés... J'eus une seconde de doute, mais enfin je n'en écoutai pas plus long et courus à Stamboul ; le long des rues, même foule que de coutume, nul n'a l'air inquiet ou seulement préoccupé. Au pont de Galata, point de soldats, si ce n'est les patrouilles ordinaires ; même calme dans les rues de Stamboul qu'à Péra ; quelque animation près de la Sublime Porte, mais, s'il y a eu quelque chose, c'est fini ; il faut me mettre à la recherche de témoins qui aient vu et me fassent le récit des événements, puisque les révolutionnaires ont négligé d'envoyer des cartes d'invitation à la presse.

Un de mes amis, Youssouf Razi bey, conseiller d'État et familier de tous ici, jeunes et vieux Turcs, que je trouve à point en cet instant, n'en revient pas. Il croyait à la renonciation complète, à l'abandon de tout, et demeurait si profondément dégoûté et désolé qu'il avait même négligé de se rendre au Conseil d'État, situé à quatre pas de la Sublime Porte et d'où il aurait tout vu et tout entendu.

La soirée se passe parmi les bruits les plus contradictoires. On annonce la mort de Kiamil pacha, de Réchid bey, ministre de l'Intérieur ; celle de Nazim pacha est seule confirmée ; un correspondant allemand dit avoir vu neuf cadavres jetés les uns à côté des autres dans une salle de la Sublime Porte. La ville a son aspect accoutumé, les cafés-concerts, les cinémas fonctionnent ; beaucoup d'animation. On arrête, de côté et d'autre, quelques fonctionnaires du Gouvernement qui vient de tomber ; il y a un certain mouvement de voitures et d'automobiles autour des ambassades.

Enfin, voici ce qu'on sait de façon à peu près certaine. A 3 heures, tandis que le Conseil des ministres se trouvait réuni pour fixer le texte définitif de la réponse aux puissances, un groupe d'une centaine de manifestants avec, à leur tête, Enver bey et Talaat bey, a envahi la Sublime Porte. Un aide de camp du grand vizir, Nafiz bey, a tiré sur Enver que le lieutenant Moustapha Nedjib a couvert de son corps. Celui-ci a été atteint mortellement ; Nafiz bey est tombé à son tour ainsi que le lieutenant Tewfik Kibrizli,

aide de camp de Nazim pacha, et un agent de
police. A ce moment les coups de revolver écla-
taient de tous côtés. Nazim pacha sortit du cabinet du grand vizir, menaçant, criant de sa forte
voix : « Ah ! les lâches, ah ! les misérables ! » et
fut frappé de deux balles dans la tête. Enver
ayant pénétré chez Kiamil pacha et lui ayant
arraché sa démission, se rendit aussitôt au palais
impérial d'où il rapportait, un quart d'heure
après, le firman élevant Mahmoud Chefket au
grand vizirat. Cependant toutes les communications télégraphiques et téléphoniques avaient été
coupées et même celles qui reliaient l'armée de
Tchataldja au Gouvernement.

*
* *

24 janvier.

Je me rends dès le matin à Stamboul. Enver
bey passe en automobile accompagnant Mahmoud Chefket pacha. A peine ai-je le temps de
les entrevoir. Nous entrons à l'intérieur de la
Sublime Porte ; au dehors et dans les salles,
rien ne trahit ce qui s'est passé hier ; le même
« baboutchou » vous enlève vos caoutchoucs,

votre pardessus, votre appareil photographique, et perçoit le même bakchich. Pas d'inquiétude, de gens affairés, de groupes où l'on discute ; pourtant, me dit-on, les cadavres sont encore là. Quelques soldats vont et viennent dans la cour.

A 11 heures, je me rends au Selamlik. Mahmoud Chefket y arrive le premier, toujours accompagné d'Enver ; il entre dans la mosquée tandis que celui-ci se mêle aux groupes d'officiers. L'attaché militaire anglais et moi nous approchons de lui : « Eh bien, lui dit le major Tyrrell, qu'est-ce que vous avez fait là ? » et moi : « Mon Colonel, pourquoi né m'avoir pas invité ? j'aurais été discret, n'en doutez pas. »

A mon étonnement, il me paraît aujourd'hui moins glacé, moins impénétrable que de coutume, moins séparé de vous par une expression immobile du visage. Il se défend d'avoir rien fait ; les circonstances, la volonté populaire, les hommes l'ont porté. « Nous envoyez-vous à la guerre, mon Colonel ? » Combien de questions de ce genre ne lui a-t-on pas posées depuis la veille ? et quel désir ne doit pas être le sien de ne plus les écouter et de pouvoir se détendre quelque peu après le violent effort, la contraction des jours passés.

Le Sultan arrive entouré du cérémonial habituel, figure débonnaire et fatiguée dont l'expression n'a pas changé. Comme son peuple, il a tant pâti lui aussi ! Tout se passe sans incidents, sans manifestations. Au dehors, une foule peu nombreuse, tranquille.

A 3 heures de l'après-midi, je retourne à la Sublime Porte où doit avoir lieu l'investiture du grand vizir et du Cheïk ul Islam. On nous introduit dans la grande salle. Là se trouvent les nouveaux ministres, quelques hauts dignitaires, les drogmans des diverses ambassades. Les voitures arrivent à 3^h 3o. Deux maîtres des cérémonies précèdent le Cheïk ul Islam et le grand vizir. Le nouveau Cheïk ul Islam est ce même vieillard que j'avais vu l'avant-veille descendre le premier du « Grand Divan » et venir faire, si gravement et avec une telle expression de recueillement, sa prière près d'une des fenêtres du palais qui regardent vers l'orient. Il est très vieux, très cassé, grand nez, longue barbe, les yeux baissés vers le sol, l'air d'un patriarche. A côté de lui, Mahmoud Chefket, raide, très droit, yeux étincelants, moustaches de chat, l'expression résolue. Je compare mentalement ce visage à la face placide, plissée par un sourire d'épicurien sceptique, de son prédécesseur au ministère de la Guerre, de ce Nazim pacha qui vient d'être tué, et dont l'étrange destinée fut d'être persécuté par l'ancien régime, acclamé et traité en triomphateur par le nouveau, puis assassiné par lui.

Ali Fuad bey, premier secrétaire du palais, remet au grand vizir le décret impérial enveloppé dans une étoffe de soie rouge ; celui-ci le porte à sa bouche et à son front. Le Cheïk ul Islam fait de même, puis il le remet au mustéchar (sous-secrétaire d'État) du grand vizir, qui le lit à haute voix. Après quoi Obeïdullah effendi, ex-député d'Aïdin et que la révolution vient de tirer de prison, prononce la prière que tous répètent à haute voix, les mains ouvertes vers le ciel.

Le nouveau grand vizir et le Cheïk ul Islam sortent de la Sublime Porte. Quelques applaudissements éclatent, mais bien maigres, sans écho. Cette foule trop composite a-t-elle sur quelques points une âme commune ? sait-elle ce qu'on lui veut ? depuis quelques années n'a-t-elle pas trop vu de révolutions, de changements pour s'y passionner encore et ne pas les accueillir avec une sorte d'indifférence ?...

— J'approuve, j'admire Enver bey. En un tel instant, l'âme d'un homme qui aime sa patrie ne pouvait pas ne point se révolter. Dans la façon dont l'affaire a été menée, je retrouve la résolution, la promptitude, la sûreté de coup d'œil de l'organisateur de la résistance arabe, du soldat héroïque de Derna. Cinq victimes, c'est déplorable ; mais un Français peut-il trouver que ce soit un compte bien lourd dans une révolution ? Quant à l'avenir, est-il beaucoup plus sombre aujourd'hui qu'hier ? Je ne le crois pas. Lorsque tout semble perdu, à quoi bon ajourner les suprêmes résolutions du désespoir ?

Enfin, c'est une belle aventure. Bien malin celui qui prédirait ce qui en sortira ? Peut-être rien. Mais enfin, pensais-je depuis un certain temps, pour tant piétiner ce peuple, était-on si sûr qu'il ne dût pas avoir un dernier sursaut et que cette ultime convulsion ne risquât pas de précipiter tous les peuples d'Europe les uns sur les autres ? Le sursaut s'est produit ; les conséquences en peuvent suivre d'ici peu. Y est-on préparé en France ?

*
* *

J'ai longuement conversé avec un certain nombre de témoins de la scène tragique d'hier, mais tous les récits diffèrent. Selon les uns, c'est une foule anonyme qui a frappé Nazim ; selon un tel, c'est Enver lui-même. D'autres prétendent qu'il avait donné à Nazim sa parole d'honneur de ne pas susciter de troubles. En apprenant qu'il avait pénétré à la Sublime Porte, Nazim aurait dit : « C'est Enver, j'ai sa parole d'honneur, il n'y aura rien! » Khalil bey, son oncle, m'a dit avoir pris des mains de Kiamil pacha sa démission ; Talaat bey affirme au contraire que Kiamil l'a remise à Enver lui-même. Ainsi les témoins oculaires, les acteurs mêmes se contredisent sur presque tous les points. Ah ! la vérité historique !

Ce qui donne une idée assez étonnante du sang-froid d'Enver, c'est que, quelques instants avant le coup d'État, il vint chez le colonel Djemal bey, et se mit à regarder par la fenêtre donnant sur la rue qui conduit à la Sublime Porte, attendant l'arrivée de la colonne de manifestants à la tête de laquelle il devait se mettre. Comme il a l'habitude de dessiner, Djemal bey lui dit : « Mon petit, prends cette feuille de papier et dessine quelque chose pour t'occuper » ; il fit tranquillement, sans le moindre énervement, une figure d'homme qui passait dans la rue, et, comme les manifestants arrivaient, il posa papier et crayon et descendit pour diriger le mouvement.

Nazim pacha, averti par une première tentative, renseigné de divers côtés, n'avait voulu croire à rien, avait dédaigné de se garder, traité jusqu'au bout comme un bluff toute menace de révolution jeune turque. « Ces gens-là m'aiment, répétait-il à ceux qui l'avertissaient du danger, et ne feront rien contre moi ! »

Au début de l'affaire, il n'y avait pas derrière Enver et Talaat plus de trente ou quarante personnes ; un peloton d'hommes sûrs devant la Sublime Porte eût tout arrêté en moins d'un instant ; or il s'est trouvé juste deux officiers pour défendre le Gouvernement ; jugez de l'apathie des uns, et de l'esprit de décision des autres.

En somme, tout a été fait, mené à bien par un politicien habile, Talaat bey, ayant la pratique et le doigté du coup d'État, et par un officier énergique, Enver, secondé par quelques hommes d'un dévouement à toute épreuve et par quelques douzaines de patriotes dont quelques centaines de curieux sont venus petit à petit grossir le nombre. Ce n'est pas un mouvement populaire, quoi qu'on en dise, et les maigres applaudissements de la foule d'hier, au moment de l'investiture du grand vizir et du Cheïk ul Islam, me le confirmaient ; elle en a trop enduré !

Évidemment, Enver devait se croire le jeune Bonaparte au 18 brumaire ; il lui ressemble un peu : figure glacée, dure et féminine à la fois, et sans doute il en a donné l'impression à ceux qu'il chassait. Le vieux Kiamil pacha s'est très bien tenu ; il en a tant vu ! Qu'on pense qu'il a été dix-huit fois grand vizir ! il n'a point pâli ni tremblé lorsque les soldats sont entrés dans son cabinet, et on raconte que, vers 2 heures du matin, lorsqu'il fut, en même temps que les autres ministres, renvoyé à son domicile, il fit venir des cigarettes, en remit une boîte à chacun et leur dit : « Conservez-la en souvenir de la charmante soirée que nous venons de passer. » Nazim a été atteint de deux balles, l'une dans la joue, ressortie par l'autre joue, l'autre près de la tempe, cela au moment où, attiré par le bruit, il sortait de son cabinet le revolver au poing ; le pauvre Tewfik, lui, a reçu neuf balles dans le corps et trois coups de couteau. C'est bien le major Nafiz qui aurait tiré le premier sur Enver, tuant Nedjib bey qui le couvrait de son corps. Il aurait été ensuite tué par la foule sous les coups de laquelle tombèrent également Tewfik et Nazim ainsi qu'un civil atteint par une balle égarée.

Le lieutenant Ali Nouri Tewfik, fils de Tewfik

pacha, ambassadeur à Londres, qui a des attaches
dans les deux partis et est mieux placé que quiconque pour juger impartialement des événements, m'assure que la mort de Nazim pacha ne
produira aucun soulèvement dans l'armée ; on y
attribuait au général en chef une bonne part de
responsabilité dans les désastres de la campagne ;
on ne lui pardonnait pas sa mollesse lors des
négociations de Bakchaïchkeuï, et d'avoir laissé
stipuler le ravitaillement de l'armée bulgare par
Andrinople sans exiger en compensation le ravitaillement de la ville assiégée. Enfin il avait
achevé de démoraliser l'armée en assurant en
toute occasion et à tout venant que l'offensive
était impossible, que la guerre ne pouvait être
continuée et qu'il fallait traiter.

Les potins de Péra

—

28 janvier.

Que fera le nouveau Gouvernement ? que fera l'Europe ? s'entr'égorgera-t-elle pour le compte du Grand Turc ? C'est évidemment ce que l'on souhaite, ce que l'on espère ici, et qui, avec un peu de mauvaise volonté de part ou d'autre, n'est sans doute pas impossible. L'Autriche continue sa mobilisation ; la Roumanie voit le moment propice à de nouvelles exigences ; la Russie est déçue, et les alliés furieux, je pense, mais aussi quelque peu divisés, Grecs et Serbes ayant obtenu à peu près ce qu'ils voulaient et sans doute assez peu désireux de continuer la guerre pour le compte des Bulgares.

Mais les Turcs ne vont-ils pas rendre à tout ce monde le service de se dévorer entre eux ? On l'affirme de divers côtés. Depuis avant-hier le bruit court qu'unionistes et ententistes se seraient battus à Tchataldja et qu'il y aurait eu 100, 150, 200 blessés et plus. Enver devrait être assassiné incessamment par les Circassiens soucieux de venger Nazim pacha ou par des Albanais de la famille du major Nafiz tué dans la journée du 23. Ahmed Abouk pacha, qui commande à Hadem-keuï, serait prêt à marcher sur Constantinople à la tête de son corps d'armée et ainsi aurions-nous une nouvelle révolution, aussitôt suivie d'une troisième, puis d'une quatrième.

Je ne crois rien de cela ! Ce peuple accepte et se résigne si facilement ! Si la réponse eût été envoyée aux Puissances, la paix conclue et signée, il n'y eût sans doute pas eu de révolution ; c'est pourquoi les Jeunes Turcs ont cru bon de hâter le mouvement. Maintenant qu'ils ont triomphé, on les subira deux ou trois mois, jusqu'à ce qu'ils aient accumulé trop de fautes et de sottises et se soient eux-mêmes rendus impossibles. Le parti adverse est abattu, consterné pour quelque temps.

Est-ce la guerre ? Le nouveau Gouvernement ne peut plier sur la question d'Andrinople, puisque c'est sur cette question qu'il a jeté bas le précédent. S'il cède à son tour, il se juge par là même et justifie ceux qui prétendent qu'il n'est composé que d'aventuriers uniquement

préoccupés de s'assurer, pour un certain temps,
le pouvoir et quelques grosses affaires.

— Un officier supérieur allemand me dit qu'il
considère une campagne offensive, à cette époque,
étant donnés le manque de routes, de chevaux,
l'état du terrain, l'absence de service d'intendance, comme insensée. L'attaque des positions
bulgares à Tchataldja est impossible ; l'offensive
par Gallipoli une folie pure.

*
* *

3o janvier.

La réponse de la Porte aux Puissances sera
remise ce matin à 11 heures au margrave Pal-
lavicini, ambassadeur d'Autriche, par le mustéchar (sous-secrétaire d'État) des Affaires étrangères. Voici de façon à peu près certaine ce
qu'elle contient. Andrinople doit rester turque,
mais serait démantelée, la frontière bulgare
limitée par les rivières Maritza et Toundja dont
le lit appartiendrait aux Turcs. Quant aux îles
de la mer Égée, les plus éloignées seraient cédées
à la Grèce, les plus proches de la côte demeure-

raient turques, mais seraient assujetties à un régime spécial.

De leur côté, les Bulgares exigent absolument l'abandon d'Andrinople. C'est donc la guerre.

« Nous sauverons au moins l'honneur, me disait le colonel Djemal bey. Quoi ! céder, avec une armée de trois cent mille hommes encore intacte, aux plus outrageantes exigences, nous en eussions été éternellement déshonorés, et un peuple peut-il vivre ainsi ? Notre Gouvernement n'est pas celui de l'Union et Progrès, c'est celui de la résistance pour l'honneur de la patrie. » Je ne puis qu'approuver de telles pensées ; je ne sais si elles sont vraiment celles de tous les politiciens qui, la révolution faite, reviennent aujourd'hui de Paris ou de Vienne, mais ce sont à coup sûr celles d'officiers comme Enver, Djemal et Fethi.

Malgré les bruits qui ont couru, aucun soulèvement ne s'est produit dans l'armée contre le nouveau Gouvernement. Tout est calme à Constantinople et, semble-t-il, dans le reste de l'Empire. L'opinion européenne est défavorable, mais cela ne change rien. Les Turcs peuvent bénéficier d'un désaccord entre les puissances, de l'épuisement des alliés ou de dissensions entre ceux-ci, d'un échec bulgare devant Tchataldja. Enfin, s'ils doivent tout perdre, peut-être sauveront-ils au moins l'honneur, comme dit Djemal bey. Dans la situation où ils se trouvent, il est évident que c'est cela d'abord qu'il faut sauver et que peut-être n'y a-t-il plus que cela.

— J'ai rendu visite à Noradounghian effendi, le ministre d'hier, très étonnante tête au pif démesuré, aux yeux brillants de vieil oiseau qui se serait coiffé d'un fez. Il parle des événements avec une tranquillité, une objectivité étonnantes, sans amertume. Il nous reçoit familièrement entre sa femme, sa fille qui, lorsqu'il était ministre et se trouvait absent, répondait à sa place aux journalistes. Tout petit, il disparaît dans un grand fauteuil au milieu de son vaste salon meublé à la façon de celui d'un dentiste de première classe, et s'exprime avec une voix douce aux inflexions subtiles. « Oh ! nous dit-il, ce n'est pas un si grand changement ! Mon successeur sera tout d'abord obligé d'étudier le dossier des diverses communications faites aux alliés et aux puissances par la voie de nos représentants à Londres, et notre correspondance avec ceux-ci, après quoi ses conclusions ne différeront pas très sensiblement de celles auxquelles nous étions arrivés. » Et cela est vrai, ou du moins fort possible, et en tout cas assez mélancolique. Les révolutions ne servent de rien ou presque ; on supprime des individus, on ne change pas le cours naturel des événements. En nous congédiant, l'ancien ministre nous remercie d'un ton ému de ne l'avoir pas oublié après sa chute. J'ai presque envie de lui répondre que l'intérêt nous y a poussés autant que les convenances. Les retours sont si brusques en Orient ! Il y a quinze jours, ne rencontrais-je pas, dans l'escalier de l'ambassade de France, Mahmoud Chefket, que j'avais connu lui aussi ministre, vieilli, tombé du pouvoir pour jamais, assurait-on ? et M. Boppe, ministre de France, que j'accompagnais, me quittant un instant pour le conduire jusqu'à la porte de l'ambassadeur, ne me dit-il pas : « Qui sait ? dans quinze jours il sera peut-être au pouvoir ! »

*
* *

1er février.

L'armistice est dénoncé, et les hostilités, par ordre du général Savoff, doivent officiellement reprendre à 7 heures du soir, lundi. Le nouveau Gouvernement turc se pose en gouvernement de la défense nationale et fait appel apeuple, à sa religion menacée, à son patriotisme, s'il en a. La réponse est assez molle, l'enthousiasme plus que médiocre. Au fond, les nouveaux gouvernants voudraient de toute leur âme faire la paix ; que n'ont-ils attendu une journée de plus pour s'emparer du pouvoir ? Ils auraient eu beau jeu à critiquer l'ancien Gouvernement, à traiter d'emprunts, de concession, à travailler au relèvement économique du pays, besogne avantageuse s'il en fut. En somme, les nouvelles propositions turques sont les mêmes qui sont allées et venues déjà plusieurs fois sous le ministère précédent, et qui, sans doute, eussent été acceptées, si l'on avait eu la bonne idée de traiter, dès le commencement, directement à Bakchaïchkeuï, entre Turcs et Bulgares, sans passer par tant d'intermédiaires, sans subir tant de pressions diverses.

Le soir de la remise de la réponse aux Puissances, je voyais arriver au Cercle oriental, à 7 heures, l'un des ministres ; il en sortait à 2 heures du matin, n'ayant pas cessé, après manger et boire, de jouer au poker. Ainsi faisait Nazim pacha lors de la déclaration de guerre, ainsi vivait-il à Tchataldja, dormant et mangeant pacifiquement dans son wagon-salon, et se désintéressant du reste.

Qu'attendre de tels hommes, qu'attendre d'un tel pays ?

Un officier allemand chez qui je dîne me dit : « J'ai fait toute la campagne depuis Kirk-Kilissé. Depuis le commencement je n'ai vu que fuir, fuir sans arrêt, fuir pour rien le plus souvent ; la tâche des Bulgares n'a pas été difficile ; ils ont seulement manqué de jambes ! Demandez à Mahmoud Mouktar combien il a tué de ses soldats qui fuyaient sans raison, sans voir l'ennemi : plus de cent, je vous jure !

« J'ai été passionné de la Jeune Turquie ; mais, comment aujourd'hui fermer les yeux à l'évidence ? Le seul qui ait vu clair ici c'est Abdul Hamid ; il pensait qu'on pouvait vivre et vivre heureux dans ce pays, à condition de le séparer du reste du monde comme La Mecque ou Médine, à condition surtout d'empêcher les Turcs d'en sortir et d'aller goûter aux poisons étrangers. Il s'est habilement dévoué à cette tâche tant que cela a pu tenir. »

Il est évident qu'en détruisant ici l'autorité religieuse et politique du Sultan on détruisait tout, puisqu'il n'y avait pas autre chose, on détruisait surtout l'unique soutien sur lequel eussent pu s'appuyer quelques patriotes sincères. Une Jeune Turquie n'était possible, n'était viable qu'avec un grand sultan dont les pouvoirs eussent été étendus bien loin d'être diminués. « Le comte Nelidoff le sentait bien », me disait hier M. de La Boulinière : « Lorsqu'il n'y aura plus de sultan, assurait-il, il n'y aura plus de Turquie » ; et un sultan constitutionnel n'est pas un sultan, ce n'est plus l'ombre de Dieu sur le monde, mais un fantôme ridicule.

Quelle tristesse que tout cela pour les quelques hommes qui me semblent vraiment avoir ici l'amour de leur pays, un Fethi, un Djemal, un Enver ! Leur tâche est à peu près impossible ; entourés d'intrigants, d'hommes à tout faire, d'assassins de profession, ils risquent d'être confondus avec eux, se diminuent à de tels contacts, se gâtent sans doute aussi. A un certain degré de décomposition d'un pays, tous les efforts que l'on fait pour le sauver se retournent contre lui et contre ceux qui les accomplissent. Il semble, en fin de compte, que la seule attitude possible devienne celle du gentilhomme vénitien vers la fin du dix-huitième siècle, disant : « Ma patrie est perdue, mais un galant homme se trouve toujours une patrie ! »

— Après victoire ou défaite, paix ou guerre, quels contre-coups déterminera à Constantinople la solution de cette longue crise ou de cette suite de crises ? L'ancien Gouvernement prêchait le calme, faisait taire les journaux, détournait autant que possible les bonnes gens de s'occuper de la chose publique. Les nouveaux venus prêchent le contraire, ils font appel à toutes les forces de résistance de l'Empire. Or, la vraie, la seule, s'il en reste une, s'appelle le fanatisme religieux ; y recourra-t-on ? Et quel en sera l'effet ?

*
* *

Lundi 3 février, 7 heures du soir.

Reprise des hostilités. Il n'est permis ni aux correspondants de guerre, ni aux attachés militaires de se rendre sur le théâtre des opérations. Mais l'un des plus célèbres parmi nos confrères est monté sur la terrasse du Péra Palace. Il a longuement scruté l'horizon ; puis est redescendu et a commencé son article. « On apercevait, a-t-il à peu près dit, une confuse lueur qui était celle des projecteurs des deux armées ; un sourd grondement s'entendait, mais les boues de Buyuk-Tchekmedjé, les marécages de Tcha-

taldja, les eaux débordées du Karasou enseve-
lissaient, engloutissaient la grande voix du
canon, etc., etc. » Il avait tout vu, jusqu'aux
nuances, tout entendu; il avait fait le voyage!
Théophile Gautier n'a-t-il pas dit que le plus
difficile, dans une telle entreprise, était de descendre son escalier? En l'espèce, il l'avait fallu
monter, ce qui est plus rude. C'est ce qu'un
autre de nos confrères appelait d'un beau mot :
« le courage journalistique » !

Les nouvelles les plus absurdes, les plus folles,
continuent de courir Péra, grâce à un certain
nombre de petits reporters faméliques, Juifs,
Grecs, Arméniens, parlant toutes les langues du
pays, faisant tous les métiers, propres à tout et
impropres à quoi que ce soit, qui entourent les
journalistes et les correspondants de guerre et
viennent leur apporter, au café Tokatlian, l'écho
de ces bruits extravagants: les officiers et les
soldats continuent de s'entre-tuer à Tchataldja
au sujet de la mort de Nazim; une partie de
l'armée s'est rendue à Buyuk-Tchekmedjé pour
y protester contre la guerre; cinq cents blessés
d'une récente bagarre viennent d'arriver de
Hademkeuï; à Stamboul, cinquante mille personnes, pas une de moins, réclament la démission du ministère; des hordes kurdes parcou-

rent la ville ayant proclamé la guerre sainte ;
on a vu dans une mosquée un très vieil imam
épousseter le fameux drapeau vert des massacres, le Sandjak ech Cherif, qui ne doit être,
une fois déployé, remis dans sa gaine qu'après
avoir flotté sur les cadavres de cent mille infi-
dèles ! ! !

*
* *

6 février.

Hier matin le colonel Djemal bey m'a fait
mander au commandement du 1er corps d'armée et m'a dit : « Je pars incessamment pour
rejoindre mon corps, j'ai obtenu, à titre tout à
fait exceptionnel, la permission pour vous de
m'accompagner. Mais n'en dites rien à quiconque, ne prenez avec vous ni drogman, ni domestique, ni chevaux, seulement vos bagages que
je me charge de faire transporter, achetez un
kalpack d'officier, je vous préviendrai, quelques
heures avant le départ, du lieu de rendez-vous.
Et pour quelque temps le correspondant de
l'*Illustration* sera perdu ! »

*
* *

8 février.

J'attends toujours un mot de Djemal bey me donnant rendez-vous pour le départ. Aucune nouvelle de la guerre, incertitude complète, mais les visages des chefs ont ce même pli de tristesse et de découragement que je leur voyais au début de l'autre campagne. Que se passe-t-il ? Jusqu'ici pas grand'chose sans doute, mais tandis que les Bulgares, eux, savent nettement ce qu'ils ont à faire : s'emparer d'Andrinople, embouteiller Gallipoli, s'établir de façon inexpugnable en arrière de Tchataldja, laissant les Turcs se morfondre sur leurs lignes, ceux-ci ne savent que devenir. Impossible d'avancer du côté de Gallipoli ou de Hademkeuï, danger des débarquements sur la mer de Marmara ou la Mer Noire, troupes destinées à ces débarquements décimées par le typhus, manque de ressources, incertitude au sein du Gouvernement. Les ministres, Mahmoud Chefket lui-même, voyant la situation impossible, voudraient en finir, capituler sur tous les points ; mais Enver et quelques officiers poussent à la guerre à outrance : « on dira qu'en tuant Nazim et en

renversant Kiamil nous n'avons voulu que nous
emparer du pouvoir et des portefeuilles, tandis
que nous voulions sauver l'honneur de la patrie.
Il faut se battre, se battre à tout prix; on ne cède
pas aux conditions insultantes de l'ennemi lorsqu'on a une armée de trois cent mille hommes
et qu'on n'a pas fait appel aux dernières forces,
aux ultimes ressources morales et matérielles
du pays. » Et, m'assure-t-on de très bonne
source, Mahmoud Chefket, anxieux de l'insuccès, inquiet de ce que deviendront le Gouvernement, la ville de Constantinople, après une
défaite, des désordres terribles qui peuvent
éclater, dit à Enver : « Mais vous prenez la
responsabilité de tout cela ? » Et Enver : « Je
la prends, je la prends tout entière et sur moi
seul ; il n'y a pour le moment nulle raison de
désespérer. » Tel est l'état d'âme des uns et des
autres. Mais la foi populaire manque ; l'indifférence est complète à Stamboul presque autant
qu'à Péra ; sur le passage des soldats pas un
cri d'enthousiasme, pas un mot ; à peine tourne-
t-on la tête.

D'où tire-t-on encore tous ces hommes qu'on
embarque pour les ports de la Marmara ou
qu'on dirige vers Tchataldja ? Ils ont assez
bonne mine, seulement un peu lourds (ils fon-

dront d'ici peu), bien armés, bien vêtus, bien chaussés; mais avec quoi seront-ils nourris? Avec quoi paiera-t-on les vivres? Il n'y a plus un sou dans les caisses. Les tentatives d'emprunt aux banques étrangères ont échoué; on va faire une émission de papier-monnaie, pressurer encore une fois les provinces d'Anatolie déjà épuisées. Cela durera quinze jours, un mois; après? Ce sera la famine, car les terres n'ont pas été ensemencées, famine pour l'armée, pour la population des villes, pour les centaines de milliers d'émigrants errant sur les routes d'Asie.

Et qu'arrivera-t-il quand ce grand nombre de soldats, volontaires kurdes, arabes, tcherkesses, venus avec leurs chevaux dans l'espoir d'un gain, d'un pillage quelconque, se verront battus, frustrés de tout profit, et ayant sous les yeux la tentation d'une grande ville?

*
* *

11 février.

Les Turcs ont tenté de bousculer les Bulgares devant Gallipoli. L'affaire dure depuis le 7. Les forces concentrées à Boulaïr auraient combiné leur attaque avec un débarquement opéré à

Charkeuï par le corps de Hourchid pacha et d'Enver bey. Aucune nouvelle si ce n'est celles que nous apportent les navires de guerre ou de commerce qui franchissent les Dardanelles. Les Turcs auraient été complètement battus, contraints de se réembarquer en hâte et auraient perdu plus de quatre mille hommes.

Le nouveau Gouvernement fait les plus grands efforts pour secouer et éveiller le patriotisme de la nation. On a trouvé des chevaux, de l'argent même, réorganisé l'intendance, levé des contributions, formé de nouveaux régiments bien tenus, bien équipés, de bonne allure, cherché de toute façon à exciter l'enthousiasme. Les femmes turques se réunissent, font des meetings, offrent leurs bijoux, adressent des lettres aux souveraines d'Europe. Enfin, on travaille, on s'efforce de toutes façons, en tous sens. Trop tard? sans doute; mais, quoi qu'on en ait dit et sans le moindre parti pris, je crois que les Jeunes Turcs sont tout de même moins incapables et moins apathiques que les Vieux, et que, s'ils avaient eu, au début de la guerre, les affaires en mains, la défaite n'eût peut-être pas été si complète, ni surtout si rapide.

— De même qu'à l'époque de Kirk-Kilissé, l'abattement est peint sur toutes les figures.

Enver bey est parti pour Ismidt, puis pour Gallipoli, revenu, reparti, revenu de nouveau. Je l'ai rencontré hier. Ces allées et venues semblent trahir je ne sais quel flottement, quelle indécision. Le colonel Djemal est incertain lui aussi de ce qu'il va faire. Il veut partir à la guerre, mais on lui objecte que, pour l'instant, on ne se bat pas à Tchataldja et qu'il est le seul homme capable d'assurer la sécurité de la ville et du Gouvernement. Il me semble épuisé, mal remis de son attaque de choléra, vivant sur ses nerfs, découragé. Et Ostler, le correspondant du *Daily Express*, qui revient de Gallipoli, me dit qu'il a trouvé Fethi bey, lui aussi, épuisé, las, désespérant, devant l'hostilité et l'acharnement universels, de l'avenir de son pays. Des hommes comme Djemal et comme Fethi me semblent sentir de la même façon que nous. Alors leur souffrance morale doit être quelque chose d'épouvantable.

Je demande à Djemal bey que s'il ne peut m'emmener avec lui, il tâche de m'envoyer avec Fethi ou avec Enver, mais il me répond : « Vous les avez vus tous deux à la guerre, je veux que vous me voyiez combattre aussi, nous partirons incessamment, aujourd'hui peut-être, je mourrais de rester ici, ce n'est pas possible ! »

— Mon ami Djemil Munir est exilé à Erzind-
jan. Il avait été deux jours auparavant nommé
au commandement d'un régiment kurde. Cependant il se promène toujours dans les rues
de Péra. Quel drôle de pays !

— Je ne sais si nous assistons aux derniers
jours de Constantinople, mais jamais ce paysage
de pierre, d'eau, de maisons de bois, de vaisseaux, de collines, de cimétières et de jardins à
l'abandon n'a été plus beau ; hier soir, au crépuscule, le spectacle semblait tenir de quelque
magie, et à l'entrée du pont de Galata on s'arrêtait presque de respirer pour ne pas briser d'un
souffle une vision si rare et trop précieuse pour
demeurer. Pas une brise, pas un petit nuage,
pas un pli d'eau, pas une brume ; la silhouette
des minarets, des dômes, des petites maisons,
des bois de cyprès était intaillée dans l'immense
pierre verte du ciel, dont l'émeraude se trans-
formait en saphir vers le zénith. C'était le plus
merveilleux camée qu'on pût voir. Et je pensais
que, malgré tout, Loti avait raison, que c'est là
une œuvre d'art turque, que ces barbares ont
marqué ce pays au point que, sans eux, on ne
le reconnaîtra plus...

L'armée de Tchataldja

—

13 février.

Djemal bey ne peut m'accompagner ; mais, sur sa demande et sur celle d'Enver, j'ai été définitivement admis à suivre les opérations de l'armée de l'Est.

Un officier, le capitaine Alid bey, est chargé de me conduire à Hademkeuï.

On a ajouté au long train de marchandises un wagon de voyageurs où nous prenons place en compagnie de quelques officiers. Le temps, très beau depuis quelques jours, a soudain changé, des rafales de pluie et de neige battent aux vitres de notre wagon et nous arrivons à Hademkeuï au jour, un jour si gris, si sombre, qu'il se distingue à peine de la nuit, et par la tempête.

Le généralissime habite dans un train spécial qui stationne devant la gare. Le capitaine Rechid bey, fils du maréchal Fuad, m'offre asile dans son compartiment. Je l'ai connu à Derna. Il a repris le poste d'officier d'ordonnance d'Izzet pacha qu'il occupait auprès de celui-ci durant la campagne du Yémen. Une heure après il me présente à lui ; c'est une superbe figure de soldat, mâle, puissante, à l'expression ouverte, aux yeux clairs qui ne cachent rien ; le corps est comme un bloc, mais sans rien d'alourdi ou de lassé, tout l'ensemble respire la force, la confiance en soi, une surabondante vitalité ; et, chose étrange cependant, ce qui domine le reste, ce qui imprègne tous les traits, c'est je ne sais quel air de bonté ; je le fais remarquer à Rechid bey : « Oui, me dit-il, et même de trop profonde bonté ; il ne sait pas punir, ni résister à une prière ! » Cette bonté d'homme robuste, d'une puissante constitution physique, est fréquente, j'allais dire commune, chez les Turcs. Elle ne va pas, chez quelques-uns, sans une certaine nonchalance ; il est des cas où il faut savoir haïr ; mais en celui-ci elle s'ajoute à une haute intelligence et à une indomptable volonté. « C'est, me dit encore Rechid bey, un malheur irréparable pour notre patrie qu'un tel homme ait été absent au début de la campagne ; toutes les fautes que l'on a commises, il les eût évitées, le plan des Bulgares, il l'avait deviné ; maintenant tout notre espoir repose sur lui. »

La permission m'est donnée de parcourir les lignes, de suivre les opérations avec tel ou tel corps, selon qu'il me plaira mieux; on me fournira des chevaux et un officier me guidera.

L'armée turque a profité du beau temps de ces derniers jours pour occuper les positions abandonnées par les Bulgares qui, sans doute, se concentrent en arrière pour faire face à un débarquement possible des Turcs du côté de Rodosto. Ses avant-gardes avaient atteint hier, du nord au sud de la presqu'île, Ormanli, Sofas, Kalfakeuï, Akalan, Indjeghiz, Kadikeuï. Elles auraient devant elles deux divisions bulgares.

Il pleut et il neige en même temps, les rafales de vent secouent les toiles des tentes, traversent les planches mal jointes des hangars, des baraquements où les soldats se sont entassés; depuis quatre mois qu'ils vivent à demi ensevelis dans la boue, imbibés de pluie, ayant perdu l'habitude de voir leurs pieds et de se sentir le poil secs, ils semblent s'y être accoutumés, tant la matière humaine est éminemment plastique; il est vrai qu'ils sont maintenant nourris, qu'ils ont de la soupe chaude, de la viande, et qu'un tel ordinaire peut passer pour extravagant aux yeux et surtout aux ventres des soldats faméliques de Lulé-Bourgas et de Viza. Tout de même, qu'on

songe à ce que cette malheureuse armée a pâti
par la faute des hommes et par la faute du ciel,
et qu'elle a derrière elle, à quarante kilomètres,
une ville regorgeant de tous les biens et de tous
les plaisirs, une ville où le plus pauvre peut
encore trouver un abri contre le froid et la pluie,
un lit sans doute, une femme peut-être, et du
pain blanc, et qu'elle a supporté la faim, la défaite, le choléra, toutes les intempéries, et qu'il
s'y est produit peu ou point de désertions et
encore à demi volontaires, les hommes incorpo-
rés à la hâte étant incapables le plus souvent,
après la retraite, de retrouver leur régiment ; et
on jugera sans doute que bien d'autres armées
eussent lâché pied, fondu minute par minute, et
que les gouvernants turcs avaient entre les mains
un instrument de guerre incomparable qu'ils ont
gâché à plaisir. « N'importe quel autre gouvernement, fût-ce le Gouvernement grec, me dit un
officier, eût fait de notre armée la première du
monde. »

La résistance physique de ces soldats n'est pas
moins admirable. Peu ou point de malades. Ces
jours derniers, me dit un docteur, le pourcen-
tage n'était pas plus élevé qu'il n'est d'habitude
dans les casernes.

*
* *

Vendredi, 14 février.

Je rends visite au général Ahmed Abouk pacha, commandant l'armée de Tchataldja, qui m'avait reçu une première fois lors de ma tentative de voyage à travers les lignes bulgares vers Andrinople, et dont on a tant parlé depuis, au moment du coup d'État jeune turc. Ne prétendait-on pas que, Tcherkesse d'origine comme Nazim pacha, lié d'amitié avec celui-ci, il marchait sur Constantinople à la tête de son armée avec la ferme intention de le venger d'une façon terrible ? Le voici fort calme et tel que je l'ai vu à ma précédente visite. Il s'entretient volontiers avec moi des événements récents. « L'armée est prête, me dit-il, en meilleur état que jamais ; la difficulté c'est de faire la guerre. Nous avons contre nous le général hiver ; vous savez quels marécages et quels bourbiers nous séparent des Bulgares ! »

Ahmed Abouk est un lettré, un esprit délicat et surtout réfléchi, pondéré, tout le contraire de l'aventurier que les journaux européens représentaient comme abandonnant son poste devant

l'ennemi pour marcher à l'assaut de Constantinople.

Et de ces mêmes événements, je m'entretiens
avec tous les officiers de Hademkeuï, officiers du
vieux comme du jeune parti, anciens aides de
camp de Nazim pacha, certains dont la parenté
avec les précédents ministres, les conversations
que j'ai eues autrefois avec eux me persuadent
qu'ils désapprouvent évidemment, dans le fond
du cœur, le coup d'État de Talaat et d'Enver bey.
Ils ne le cachent pas du reste, mais affirment non
moins hautement qu'à la guerre, le premier devoir d'un soldat est de faire abstraction de ses
idées personnelles, de ses sentiments, fussent-
ils les plus chers. Je ne puis répéter tous leurs
propos ; en voici quelques-uns qui me semblent particulièrement significatifs, à cause de la
personne qui les a tenus ? C'est le commandant
Nadji bey, officier d'état-major d'Izzet pacha et
gendre de Kiamil pacha, le grand vizir qui vient
d'être renversé : « J'ai été prévenu, me dit-il, de
la révolution du 23 une demi-heure après qu'elle
fut accomplie. Je pris mon sabre et courus immédiatement à la Sublime Porte pour protéger
mon beau-père. Je vis Nazim pacha tué de deux
balles dans la tête qui s'étaient entrecroisées ;
tout honnête Turc doit pleurer la mort de ce très

valeureux soldat qui, toujours et en toute circonstance, a accompli son devoir ; cette mort, je
connais trop Enver pour croire qu'elle ait été
préméditée par lui ; quant au grand vizir, on a
assuré qu'on lui avait arraché sa démission le
revolver au poing ; c'est une erreur ; on lui a dit
seulement que Nazim était déjà mort, et sans
doute était-ce par là le menacer suffisamment.
A partir du moment où j'arrivai auprès de lui,
il ne fut plus inquiété. Nul ne peut soupçonner
la bonne foi et le patriotisme d'hommes comme
Kiamil pacha et Noradounghian effendi. Mais ils
étaient persuadés de la nécessité de la paix. Et
aussi le terrain sur lequel ils voulaient s'appuyer
leur a manqué. Ils comptaient, mon beau-père
tout particulièrement, sur l'Angleterre et sur la
France ; elles n'ont rien voulu faire, pas un mouvement, pas un pas, pas dire un mot pour nous ;
de quel droit maintenant, ajoute-t-il avec amertume, nous reprochez-vous de nous être jetés
dans les bras de l'Allemagne ? Mais cela c'est le
passé ; aujourd'hui, vous ne verrez dans toute
l'armée turque que des officiers unis par une
seule pensée, celle de combattre les ennemis de
notre patrie. — « Y a-t-il eu, mon Commandant,
lui demandai-je, de graves discordes ici, à la
suite de l'événement, des meurtres, des déser-

tions; qu'est-ce que cette histoire d'un général
marchant sur Constantinople ? » — « Chacun,
me dit-il, a gardé dans son âme ses propres sentiments et les y conservera; il n'y a ici que des
officiers ottomans uniquement préoccupés de la
guerre. » J'ajoute que ces déclarations me sont
faites avec un tel accent de gravité et de sincérité, par un officier attaché de si près à l'ancien
Gouvernement, que je ne puis les mettre en
doute. Plus de cinquante autres du même genre
sont venues les confirmer; je pense que, s'il y a
eu quelques troubles ou quelques incidents, ils
ont dû être tout à fait isolés et de peu d'importance. Je dois dire encore que de telles déclarations n'ont pas été provoquées dans une sorte
d'interview où la personne interrogée se tient
en défense, mesure ses mots, et ne livre que ce
qui lui paraît convenable, mais m'ont été faites
au cours de la conversation, de journées vécues
en commun, côte à côte, dans l'intimité, la fami-
liarité et le laisser-aller de la vie d'un camp, vie
à laquelle je participais d'autant plus pleine-
ment que j'étais cette fois l'hôte des officiers, et
ne menais pas la vie à part d'un correspondant
de guerre tenu quelque peu à distance et simplement informé des événements par un officier
chargé de ce service.

Le commandant Nadji bey est l'une des figures les plus attachantes d'officier turc que j'aie
connues. Tandis que la pluie tombe torrentielle-
ment, que les fondrières se creusent de plus en
plus, rendant tout mouvement impossible, nous
conversons durant de longues heures. C'est un
patriote passionné : « J'ai lu tous vos articles,
me dit-il, mais vous n'êtes pas vraiment turcophile ! » — « Mon Commandant, j'ai éprouvé la
plus vive amitié pour vos officiers de Tripolitaine
et de l'admiration pour l'œuvre accomplie par eux
dans des circonstances plus que difficiles ; mais,
lorsqu'on a vu de ses yeux ce que le Gouvernement turc a fait de l'Afrique et de l'Asie romai-
nes, lorsqu'on a parcouru les campagnes de
Thrace semblables au désert, lorsqu'on a assisté
à l'agonie de l'armée périssant par la faute des
chefs et de ceux qui étaient chargés de la nourrir, peut-on être vraiment turcophile ? » — « Oui,
nous avons commis de grandes fautes, mais
lisez notre histoire, lisez les étrangers qui ont
écrit de nous sans passion, regardez mieux les
mosquées, les fontaines, les vieilles écoles de
Stamboul, vous verrez que nous avons été un
bon peuple, brave, mais aussi capable de construire, d'apprendre et d'enseigner. Il y a un
siècle et un peu plus tout cela s'est arrêté, il

est vrai, tandis que l'Europe progressait à
grands pas ; cela s'est arrêté par la faute des
maîtres de l'Empire, par la faute des sujets, par
notre faute à tous ; mais étudiez aussi si « des
forces invisibles » ne nous ont pas minés secrè-
tement ; je dis : « des forces invisibles », et il est
difficile de les définir ; cependant, songez à ce
que représente de dangers pour un peuple le
trop grand nombre d'étrangers et d'étrangers de
religions différentes reçus à ses foyers. Religion,
argent, nationalité, par eux, tout cela a, dans
toute l'Europe, travaillé contre nous. »

Et moi-même, en écoutant le commandant
Nadji bey, je ne puis m'empêcher de songer à
« ces forces invisibles » qui, dans un pays comme
la France, uni, protégé par tant de siècles de civilisation et d'idéal communs, ont pu faire, en ces
dernières années, tant de ravages et exciter à
tant de luttes civiles. Oui, c'est bien là ce dont
périt la Turquie ; un clan autrefois victorieux et
qui n'a pas su assimiler les vaincus est, petit à
petit, détruit par le travail souterrain de ceux-ci.

Et nous reparlons de la France. « Pourquoi
cette haine contre nous, pourquoi ce ton cynique
de votre presse ? Qu'avez-vous eu jamais à
nous reprocher de sérieux ? Nous sommes allés,
il est vrai, à l'école de l'armée allemande ; mais

nos sentiments étaient turcs et français ; nous avons appris à lire, à sentir, à penser dans vos livres ». Feuilletant l'*Illustration*, le commandant Nadji bey tombe sur la belle photographie qui représente « Le meunier, son fils et l'âne » transportés à Bokhara, et, tout du long, il me récite la fable, avec un ton parfait ; il m'en récite d'autres encore à n'en plus finir et, s'il a oublié un mot, auprès de lui le docteur Oraan Abdi ou Réchid bey le lui soufflent. Puis il dit aussi à mi-voix, comme pour lui-même, des poésies patriotiques apprises à l'école, l'une, « le Soldat », dont il ne se rappelle plus l'auteur et qui se termine par ce beau vers :

Dis que, morts pour la France, ils l'ont faite immortelle.

Cela sans emphase, d'une voie émue, d'une diction très juste et touchante : « Hélas ! nous ne sommes pas morts, nous autres, nous sommes encore ici ! »

— Je me mets à la recherche de Mme Romano, mon hôtesse française ; mieux que quiconque elle m'informera des événements advenus ici depuis un mois ; j'apprendrai par le menu les moindres potins du village et de l'armée, et peut-être me fera-t-elle de nouveaux récits non moins passionnants que les premiers, sur la cour du sultan Hamid, sur ses musiciens, sur sa propre vie à elle. Mais la boutique est vide ; je monte l'escalier ; un soldat paraît, je demande : « Madame Française ? » Il rejette la tête en arrière en me faisant voir ses narines, ce qui est la façon turque de dire non. Qu'est devenue Mme Romano ? A-t-elle pris une autre boutique ? Est-elle rentrée à Constantinople, lasse de la guerre ou fortune faite ? Je poursuis un instant mes recherches dans Hademkeuï, mais personne ne me comprend ni ne sait ce dont je veux parler.

*
* *

Dimanche, 16 février.

Il a gelé la nuit ; la neige a remplacé la boue. Nous en profitons pour partir dès le matin pour Tchataldja. La bise du nord coupe les lèvres, gèle les mains sur les brides et les pieds sur le fer des étriers. La route est encombrée de voitures, de chariots à bœufs portant munitions et vivres, de soldats allant et venant ; une file de voitures amène des avant-postes et des campements éloignés les malades que l'on évacue sur les hôpitaux du Croissant Rouge et de San-Stéfano. Quand je pense au sinistre convoi des cholériques, aux spectres bleus en procession des journées de novembre, ceux-ci font presque plaisir à voir : voilà de bonnes trognes rassurantes de malades de droit commun, blessés, rhumatisants, enrhumés, catarrheux; on peut les regarder, les frôler, les toucher sans prendre peur.

Les chevaux patinent sur la terre gelée, trébuchent dans la boue durcie; nous suivons la voie du chemin de fer, puis traversons les lignes successives de défense. On a prodigieusement travaillé depuis un mois : tranchées, fils de fer, abris pour l'artillerie, tout cela se développe, s'entremêle en un réseau qu'aucun ennemi, si sagace et si entreprenant soit-il, ne débrouillera à coup sûr. Quel dommage qu'il y ait renoncé !

Maintenant c'est aux Turcs d'en sortir, et de faire traverser de nouveau à leurs troupes les marécages du Karasou où s'enlisent hommes, chevaux, canons, munitions et vivres. Lentement, méthodiquement, ne se risquant plus à l'imprudente offensive du début de la guerre, ils avancent, reconstruisant à mesure la ligne du chemin de fer, les chaussées, les ponts détruits par les Bulgares dans leur retraite.

Je repasse, sur un pont cette fois, le Karasou ; les eaux roulent profondes et jaunes ; toute la plaine est inondée, à demi recouverte d'une légère couche de glace. Au delà, nous suivons de nouveau la voie du chemin de fer. Les pluies violentes ont raviné les talus, découvert les cadavres bulgares ensevelis lors de l'armistice ; ils gisent là, dévorés à demi, informes ; l'un cependant demeure à peu près entier, recouvert d'eau ; la figure en bouillie n'a plus d'expression, mais une main est restée intacte, fermée, n'ayant plus rien à dire, petite, sans doute amincie par le froid, livide et comme transparente. Voici le point où je fus accueilli par les officiers bulgares. Des Turcs y travaillent à rétablir un pont démoli par l'ennemi. Un train s'avance jusque-là, apportant les matériaux, les ouvriers, le personnel du génie. Sur cette plaine que j'avais vue silencieuse, sinistre, entre les deux armées, marquée de petits drapeaux rouges et blancs signalant les frontières qu'il ne fallait pas franchir, habitée seulement par quelques centaines de cadavres, et par les charognards, chiens et corbeaux, tout s'agite maintenant, tout s'efforce pour la marche en avant. Au loin, de-ci de-là, partout, des files de petits hommes se dépêtrent comme ils peuvent, penchés en avant, luttant avec les épaules autant qu'avec les pieds ; des chevaux sous leurs cavaliers donnent de forts coups de reins, avançant par secousses. Quels beaux dessins, quels tableaux rapporterait d'ici un peintre ayant à la fois le sens du pittoresque et du grand style : cet horizon infini de plaine et de grands mouvements de collines, cette terre comprimée sous un ciel bas où roulent les uns sur les autres, charriés par le vent du nord, les gros nuages de tempête et de bourrasque venus de la Mer Noire ; et, dans ce vaste décor, ce spectacle de guerre pauvre, ces soldats caparaçonnés de boue jusqu'au visage, ayant la couleur du ciel et de la terre, ces bonshommes Janvier et ces pères Noël dérisoires sous leur capuchon pointu, emmitoufflés dans leurs loques, et se désolant de ne jamais apercevoir leurs pieds, ces cadavres souillés que lave incessamment l'eau du ciel et celle qui roule des talus, ce régiment qui se démène péniblement dans le marécage et déplace lentement ses anneaux comme un serpent indigéré, ces ouvriers assis en rond, les fesses dans l'eau, qui se chauffent autour d'un feu de bois allumé je ne sais comment et portent maladroitement à leur bouche avec leurs mains engourdies un gros quignon de pain où ils mordent à même, quelle toile de misère, quel fond grandiose, quelle quantité de détails grotesques ou magnifiques, quelle unité dans la couleur, la composition, le mouvement ! Et pourquoi tout cela, pour quel bénéfice tant de morts, tant de souffrance, tant d'efforts ? Qu'en retirera cette terre je ne sais combien de fois ravagée par les deux armées ? Qu'y gagneront ces hommes qui sont là auprès de moi et dont toute la volonté est tendue à un seul but : poursuivre, atteindre l'ennemi, tâcher d'être enfin vainqueurs ? Et enfin, et surtout, pourquoi ont combattu ceux qui sont là couchés et ne finissent pas de pourrir dans ces boues de la plaine inondée du Karasou ? Je me rappelle le mot sinistre, désespérant, de Renan, qui m'est si souvent revenu sur ces champs de bataille : « Les seuls vaincus d'une guerre ce sont les morts. » Alors pourquoi se battre ? La seule chose importante, c'est de ne pas se faire tuer. Et je m'arrêterais à cette pensée si je n'entendais en réponse les mots que me disait hier le commandant Nadji bey : « Pourquoi ne sommes-nous pas morts aussi pour notre pays ! » Qui sait ? des hommes qui auraient renoncé à la guerre, renoncé au risque de se faire tuer pour quelqu'un ou quelque chose, seraient sans doute incapables d'aimer, de jouir, de goûter quelque plaisir de la vie. Il faut le condiment de la mort à n'importe quelle haute joie de l'intelligence ou des sens, et cet engrais à la plante de n'importe quelle civilisation.

Le pont de pierre sur la route de Tchataldja est déjà réparé. Celui du chemin de fer sera terminé demain.

Nous arrivons à la ville. Du quartier musulman qui comptait environ 3.000 habitants, pas une maison n'est restée debout. Avant de se retirer, les Bulgares ont tout incendié, détruit systématiquement ; à peine quelques pans de mur, quelques cloisons de bois demeurent ; deux mosquées ont été à peu près épargnées mais transformées en étables, souillées, emplies de fumier, et les tombes ont été brisées une par une. Rien, me semble-t-il, ni raison stratégique, ni autre, ne justifie cette sauvagerie ; la destruction s'arrête géométriquement aux premières maisons grecques et bulgares ; de ce côté, la ville n'a pas été touchée, et les Turcs, en en prenant possession de nouveau et après avoir traversé les débris de ce qu'avaient été les demeures de leurs frères musulmans, n'y ont pas brisé une seule vitre. Écoles, églises grecques sont intactes ; il faut louer cette douceur, ou cette discipline ou cette apathie, comme on voudra l'appeler ; je l'admire, mais, dans le fond de mon cœur il me semble que ce soit là l'effet d'une vertu passive et que je ne sens point. Je suis persuadé que si des Français, même internationalistes, même anarchistes, même mangeurs de curés, trouvaient les églises d'une de leurs villes souillées par l'ennemi, les maisons incendiées, et qu'un quartier subsistât auprès, intact, habité précisément par cet ennemi, spontanément, sans tant réfléchir à l'opinion de l'Europe et des philanthropes, ils se paieraient abondamment sur celui-ci. On sent trop vraiment que dans ce peuple on a brisé un ressort et le seul peut-être.

L'été, en temps de paix, cette petite ville, avec ses maisons rustiques, ses beaux arbres, les taches noires des cyprès, les jolies mosquées, les fontaines, les jardins, adossée à la haute colline, devait être charmante. Nous parcourons les rues ; les autorités civiles ont repris leur poste ; les services se réorganisent, la gendarmerie s'est réinstallée. Quelques habitants se montrent, quelques figures de femmes, d'enfants paraissent aux fenêtres.

Je songe aux premières pages de Candide, aux guerres des Abares et des Bulgares, aux habitants des villes prises et reprises par les deux armées, violés par ceux-ci, réquisitionnés par ceux-là, incendiés, passés au fil de l'épée. Une femme à sa croisée fait paisiblement du tricot et nous regarde à peine. On vit tout de même ; mais la villégiature n'a pas dû être gaie ici durant l'hiver de 1912-1913 !

Le soir tombe. Il nous faut regagner Hadem-keuï. Nous croisons une batterie d'artillerie montant la rude côte qui va à Tchataldja. A mi-chemin, impossible d'avancer plus ; un régiment d'infanterie arrive, on réquisitionne les hommes, on pousse aux roues, on s'attelle à des cordes ; les conducteurs crient, excitent leurs chevaux, frappent du fouet ; inutile ! tout l'effort des hommes et des bêtes glisse sur place.

Mon compagnon, le capitaine Rechid bey, saute de son cheval, en jette la bride à son ordonnance, enfourche une des bêtes d'attelage et prend le commandement. En un quart d'heure il arrive à désembourber la pièce et à la mener au sommet de la côte.

*
* *

17 février.

Il neige, la terre semble tout près du ciel blanc; puis le vent tourne au sud, tout fond, tout se décompose en une inexprimable marmelade. « J'ai la nostalgie, me dit Rechid bey, du sable brûlant du désert libyque; après cette guerre je veux retourner à Derna. » Boue, pluie, hiver, choléra, ce pays de Hademkeuï est celui où j'ai vu sans cesse les plus laides choses du monde et les plus tristes.

La trêve de la neige

———

22 février.

Les services de l'arrière, si parfaitement négligés durant la première partie de la guerre, ont été complètement réorganisés par le colonel Djemal bey et par Ismaïl Hakki pacha, qu'une blessure glorieuse, reçue au Yémen, blessure après laquelle il a dû être amputé d'une jambe, empêche de se rendre sur le champ de bataille. Chaque jour mille hommes de troupes fraîches sont dirigés sur les lignes de Tchataldja, recrues et volontaires. Auparavant, ils passent quinze jours à Constantinople pour y être équipés et recevoir un commencement indispensable d'instruction. Depuis près de trois semaines ces envois d'hommes sont quotidiens, et peuvent continuer indéfiniment. Les convois chargés de vivres arrivent régulièrement; il y a même surabondance, car on a construit des fours à Hademkeuï, où l'armée fait elle-même son pain. Ces derniers jours elle refusait les envois de Cons-

tantinople. La seule crainte qu'on puisse avoir,
c'est que la ligne ferrée se trouve coupée par le
mauvais temps ; il deviendrait alors assez difficile de ravitailler les avant-gardes de l'armée
qui ont avancé au delà de Tchataldja jusqu'en
vue de la station de Kabatchakeuï.

Les soldats mangent chaque jour une nourriture chaude, soupe le matin, rata le soir, haricots, riz et lentilles ; deux fois par semaine ils
ont de la viande fraîche, et deux fois de la viande
conservée dans la graisse. Ils reçoivent également du bois et du charbon pour faire du feu.
Ils se trouvent suffisamment à l'abri du mauvais
temps dans des baraques de planches recou-
vertes de papier goudronné. Sur d'autres points
ils ont creusé de grandes fosses fermées par des
toiles imperméables. Ceux qui sont aux avant-
postes sont remplacés quotidiennement ; ils
vivent sous la tente, et quant aux soldats qui
occupent les tranchées ou aux sentinelles, ils
sont relevés de deux en deux heures.

Nous mangeons avec les officiers. Leur popote
est installée sous une grande tente et non sans
un certain confort ; les soldats ont arrangé des
fleurs sur la table, grands pots remplis de perce-
neige, de branches de houx ; des feuillages s'enroulent aux mâts. Soupe, viande en ragoût, pilaf,

pâtisserie, le repas est abondant. Je remarque une fois de plus l'extrême amabilité que tous nous témoignent, et aussi l'empressement et la serviabilité des soldats. Ah ! comme me le disait le commandant Nadji bey, c'est vraiment un brave et bon peuple, et injustement calomnié !

*
* *

Dimanche, 23 février.

Tempête de neige avec vent furieux qui rend tout mouvement impossible. Les soldats sont terrés. On n'aperçoit que la campagne nue, livide, parcourue par l'ouragan.

Cela continue tout le jour, la nuit et la journée du lundi 24.

Il y en a maintenant pour trois semaines ou un mois avant qu'une grande bataille puisse être livrée. La situation est la même à Boulaïr.

Les Turcs estiment avoir devant eux deux divisions bulgares restées en arrière-garde, trois autres seraient à Tchorlou ; il y aurait trois divisions devant Gallipoli, et quatre, dont deux divisions serbes, devant Andrinople.

*
* *

1er mars.

J'ai fait cinquante kilomètres environ de Hademkeuï à Buyuk-Tchekmedjé et de là à Kalligratia, Tchataldja et retour à Hademkeuï par Bakchaïchkeuï, à travers d'inénarrables marécages et bourbiers d'où je croyais parfois que nous ne retirerions pas nos chevaux, et accompagnés, à partir de 4 heures du soir, par la pluie torrentielle.

Vraiment, je n'ai pas le courage de recommencer, pour la N^{me} fois, la description de la boue ; j'ai épuisé ma liste de synonymes à ce sujet : boue, marécages, pluie, de l'eau dessus, de l'eau dessous, il me semble que je suis devenu canard sauvage. Rechid bey et moi nous trouvions heureusement au retour des couvertures dans lesquelles nous nous roulions pour toute la nuit, en attendant, d'ailleurs vainement, que nos vêtements eussent séché. Des chiens à longs poils, plusieurs fois jetés à l'eau, ne sont pas plus ruisselants et trempés que nous l'étions samedi soir, en revenant de Tchataldja. Puis la neige a recommencé, apportée par tourbillons, réemportée par le vent ; on ne voyait rien à dix mètres de soi, elle doit atteindre, sur les points où elle s'est accumulée, plusieurs mètres de hauteur, et, en plaine et dans les lieux abrités du vent, quarante centimètres environ.

Nul changement aux avant-postes. Les malheureux soldats souffrent naturellement beaucoup de cette température. Les derniers ouragans étaient d'une telle violence qu'il était impossible d'empêcher l'eau de pénétrer dans les baraquements; et par un tel temps les ravitaillements deviennent aussi très difficiles; j'ai vu porter d'un point à un autre des marmites de soupe qui, durant le trajet, s'emplissaient d'eau. Des hommes surpris par la tourmente sont morts gelés sur place.

Aussi la distance gagnée sur les anciennes positions demeure de quinze à vingt kilomètres. Mais derrière ces avant-postes le gros, profitant de quelques journées de beau temps, a avancé quelque peu, particulièrement à l'aile gauche, où le corps d'Hassan Izzet pacha était en train de passer de l'autre côté du pont de Buyuk-Tchekmedjé lorsque, de nouveau, la pluie a empêché que ce mouvement fût complètement et définitivement effectué. Samedi, j'ai trouvé la brigade de cavalerie indépendante, que j'avais accompagnée au moment de la bataille de Tchataldja, installée à Kalligratia. Entre ce point et Tchataldja il y a une chaussée, assez bonne jusqu'à mi-route, puis très défoncée, par le passage de l'artillerie, et coupée par les tranchées bulgares, tranchées pour l'infanterie, tranchées pour l'artillerie ; c'est incroyable quelle quantité de terre ils ont remuée en cet endroit. Ces tranchées ont été prises par les Turcs dans les journées qui ont suivi l'armistice et ils s'en sont servis à leur tour contre les Bulgares.

Comme nous passons là, nous entendons deux heures durant le canon au delà de Tchataldja, dans la direction d'Elbasan. Impossible de nous y rendre, nous serions arrivés à la nuit tombée. Au surplus, rien de grave, je pense ; les artilleurs, las de leur inaction, se dérouillent quelque peu les muscles.

— Lundi 3 mars, à mon retour à Constantinople, j'ai appris qu'on avait découvert un complot tramé par le prince Sabaheddine et quelques hommes politiques et officiers mis en disponibilité, appartenant à l'ancien parti ? On s'est emparé de quelques comparses de bien mince importance, le reste est en fuite.

Les bruits de paix ont pris soudain consistance, et le Gouvernement a fait entendre, sans le dire crûment, mais c'est tout comme, qu'il abandonnait Andrinople, s'en remettait à la décision des puissances, acceptait comme frontière la ligne Midia—Enos. Mais que vont demander maintenant les Bulgares? Et que vont dire cette demi-douzaine d'hommes de cœur qui, ayant fait la révolution sur la question d'Andrinople, estimeront sans doute que, si l'on cède aujourd'hui aux mêmes conditions que le précédent Gouvernement, le sang de Nazim et de Tewfik leur reste sur les mains? Et que diront encore ces soldats et tout ce peuple à qui l'on a demandé, en pure perte, tant de sacrifices inutiles? Aurons-nous encore une révolution, deux révolutions peut-être, ou est-ce que tout va s'apaiser enfin? Il n'est pas facile de le dire puisque, en ce pays, tout va au rebours de la raison, tout, jusqu'à la forme de la pierre des tombes dont la base est plus étroite que le sommet.

J'ai revu le colonel Djemal bey. Jamais figure ne m'a semblé plus crispée par la souffrance, jamais yeux plus pénétrés de tristesse, jamais voix plus brisée. J'ai tenté vainement de le faire parler. Il avait toute sa courtoisie habituelle, répondait par de vagues phrases à mes questions, mais évidemment il n'était pas là, il parlait avec d'autres et s'agitait dans un cauchemar.

A un certain moment, je le vis si pâle que je crus qu'il allait s'évanouir. Il marchait de son bureau à la fenêtre, lentement, regardant dans la rue comme s'il attendait qu'on vînt l'assassiner. Puis, comme je lui disais : « Eh bien, mon Colonel, c'est donc la paix, puisqu'il est si difficile, la saison s'y opposant, de faire la guerre ? » soudain il répondit avec violence : « La paix avec Andrinople oui, mais si c'est la paix sans Andrinople, je ferai ici moi-même la révolution contre le Gouvernement qui signerait cette paix honteuse. »

— Quelle étrange ville ! Il me semble moi-même vivre dans un cauchemar. Le carnaval y bat son plein, cinq bals par semaine ; les masques et les dominos passent pêle-mêle grande-rue de Péra avec les blessés, avec les malades qu'on ramène des lignes de Tchataldja ou de Gallipoli, les hommes aux pieds gelés, aux mains mortes, et personne n'y fait attention. Il y a des incendies tous les jours ; on entend le cri sinistre de celui qui annonce le feu, on voit passer au galop les pompes municipales, puis les bandes débraillées des « touloumbadjis » (pompiers volontaires) en costumes d'acrobates de barrière, portant une pompe surmontée d'un ornement bizarre qui ressemble au Saint Sacrement de nos processions ; et une grande aurore rouge se lève sur Galata ou sur Stamboul : cent maisons un jour, cent cinquante le lendemain, comment en reste-t-il encore ? L'autre soir, Sainte-Sophie a bien failli flamber, toutes les petites constructions de la place qui l'avoisine y ont passé. Et, à part une figure entrevue comme celle de Djemal bey hier soir, l'expression des yeux d'un blessé passant à cheval au milieu de l'indifférence publique et qu'un camarade mène à l'hôpital, rien d'autre ou presque ne trahit tout cet amoncellement de défaite, de fin de tragédie, de fin de peuple qui pèse sur cette ville. En somme, personne ne voit cela. Et pour le faire voir, je pense qu'il ne faudrait pas seulement le décrire tant bien que mal, comme je le fais au jour le jour, mais inventer, en grand artiste, en historien véridique ayant une âme en plus des yeux, des figures qui participent à ce spectacle, qui donnent un nom, un sens, un sentiment à ce qu'il a d'impersonnel et d'anonyme.

— Un Turc de mes amis, s'entretenant avec moi de la guerre et des tergiversations au sujet de la paix, me dit : « Il y avait une fois à Konia un brave homme qui aimait énormément les poireaux. Il s'en fut au marché et en acheta d'un coup 40 kilos. Quand il revint à la maison, il fit le poids et s'aperçut qu'on l'avait volé de

10 kilos. L'affaire alla devant le cadi qui fit arrêter le marchand et, après jugement, le condamna ou à manger les 30 kilos de poireaux, ou à recevoir 30 coups de fouet, ou à payer 30 livres d'or. C'était un homme avare et douillet, il choisit de manger les poireaux. Au premier kilo, gonflé comme une outre, expirant, il cria : « Arrê- « tez et donnez-moi les coups » ; mais, au premier contact du fouet, il hurlait : « Pitié ! aman ! je « paierai l'argent », et, derechef, à la première livre donnée, il redemanda des poireaux ; tant et si bien qu'il mangea 30 kilos de poireaux, reçut 30 coups de fouet et paya 30 livres d'or. En sera-t-il ainsi pour nous ? » Et il ajoute : « J'étais pour la paix comme la voulait Kiamil pacha, mais puisque nous avons maintenant choisi la guerre, allons-y jusqu'au bout ! »

Le colonel Djemal bey

5 mars.

Je suis de plus en plus lié avec le colonel Djemal bey.

Nos relations ont commencé durant les journées de l'armistice qui suivit la bataille de Tchataldja. Comme, à cette époque, je me promenais inoccupé dans Constantinople, un de mes amis me dit : « Venez avec moi, je veux vous présenter à l'un des officiers les plus intelligents de la Jeune Turquie. Il s'est battu de Kirk-Kilissé à Tchataldja, non sans gloire, en dépit de la défaite, et a commandé parfois jusqu'à un corps d'armée. C'est, à n'en pas douter, l'un des hommes les plus distingués que nous ayons aujourd'hui et destiné certainement à marquer dans les prochains événements.

Djemal bey avait été, à la veille de la bataille de Tchataldja, atteint du choléra et transporté mourant du champ de bataille à Constantinople.

Il était à peine convalescent. Nous le trouvâmes enveloppé d'un burnous, la figure pâlie, la voix blanche, se soutenant à peine. Jamais je ne vis face plus marquée par la vie, et dont il semblât plus que la destinée l'eût meurtrie, frappée à pleins poings. Les visages turcs n'expriment rien le plus souvent. Celui-ci, à force d'ardeur contenue, de volonté, de souffrance endurée, signifiait presque trop. La visite fut courte ; à peine commençait-il de reprendre des forces. Il s'excusa. Je crois que nous fûmes amis dès le premier instant.

Je le revis sans cesse au moment de la révolution, puis au gouvernement militaire de Constantinople ; ne prenant de repos ni jour ni nuit, ayant perdu l'habitude de dormir, les yeux cernés, énervé par ce travail de bureau qui n'est pas le sien, exaspéré par l'impossibilité de se rendre sur le champ de bataille, et cependant inlassable, surveillant tout, soignant les détails, s'occupant des volontaires, des recrues, des hôpitaux, de la sécurité de la ville, recevant dix personnes à la fois, répondant aux demandes constantes de ses aides de camp, correspondant sans cesse par téléphone avec l'état-major de l'armée de Tchataldja, lisant d'énormes rapports. Il ne trouvait pas une minute pour aller voir sa femme malade, pour passer l'eau jusqu'à Kadikeuï où il habite, et couchait là dans son bureau. De temps en temps il faisait venir ses enfants pour les embrasser et les voir quelques minutes autour de lui.

Parfois il m'expliquait les grands projets de réorganisation de la Turquie d'Asie après la guerre, la création de cinq vastes gouvernorats qui seraient des espèces de vice-royautés à peu près indépendantes, ayant leur liberté d'action, de fonctionnement. Comme conseillers, comme directeurs de travaux, on ferait appel aux étrangers. « Je ne m'entourerai que de Français, me disait-il ; la guerre finie, j'irai à Paris ; j'espère qu'on voudra bien m'aider, me conseiller, m'indiquer des hommes capables, sérieux, travailleurs, intelligents, qui abondent dans votre nation. Je voudrais retourner à Bagdad et consacrer mes efforts à ce pays ; quelle admirable région ! mais abandonnée à elle-même depuis si longtemps. La nature y est si riche, si féconde, que, pour le moindre travail on est aussitôt récompensé, payé au centuple.

Mais, soldat avant tout, passionné de point d'honneur, ne voulant point, même après les défaites, douter de l'armée turque, il n'admettait pas qu'on parlât de la paix aux conditions précédemment offertes.

« Mon Colonel, lui disait-on devant moi, à quoi bon gaspiller encore tant d'hommes et tant d'argent ? Que vous importent quelques tombeaux et quelques mosquées à Andrinople, qui continueraient d'exister sous un statut spécial ? Pourquoi ne pas reconnaître la défaite et ne pas réserver pour l'avenir tant de forces aujourd'hui gâchées en pure perte ? » Et lui de répondre : « Écoutez bien ceci : il ne s'agit pas de quelques tombeaux et de quelques mosquées ; Andrinople, c'est pour nous aujourd'hui un cri de ralliement, le cri de ralliement de tous ceux qui ont à cœur l'honneur de la Turquie ; si les Bulgares la prennent et qu'ils prennent Constantinople et qu'ils prennent Damas et Mossoul et Bagdad, et que je reste à Bassorah avec quinze Turcs, je réclamerai encore Andrinople. La paix tant que l'on voudra, mais la paix avec Andrinople ! Que nos ministres le sachent bien, car s'ils cèdent Andrinople, je referai moi-même la révolution contre eux. S'ils veulent la paix à tout prix, il leur faut être décidés à risquer leur vie pour elle ! »

Depuis longtemps il nous promettait, à mon confrère et ami Alain de Penennrun, qui était venu me rejoindre ici, et à moi de nous faire le récit de la guerre depuis Kirk-Kilissé, mais il remettait toujours, nous disant : « Attendez que j'aie le temps d'aller jusque chez moi, à Kadikeuï, et d'en rapporter tous les papiers que j'ai conservés de la campagne. » Un jour cependant, comme nous étions allés le voir, il nous dit : « Nous commencerons ce soir ; toutes mes heures du jour sont prises, je n'ai pas une seconde à moi, vous voyez ! mais venez à 8 heures ; j'ai perdu l'habitude de dormir ; nous travaillerons la nuit. »

Et cela dura cinq nuits, de 8 heures du soir à 3 heures du matin. Sept heures durant il parlait, refaisant, minute par minute, l'histoire de la guerre devant nous, recherchant ses souvenirs, les liant, construisant pièce par pièce, détail par détail, chaque scène du grand drame, que nous avions seulement entrevu, confus et terrible, Alain de Penennrun du côté bulgare et moi des lignes turques.

Ces sept heures n'étaient point longues. Jamais récit ne m'a semblé, dans sa sécheresse et sa précision, plus vivant, plus poignant. Nous croyions toucher du doigt, voir avec les yeux de la tête chaque cause de la défaite, en suivre chaque pas, chaque péripétie, chaque incident. Chefs, soldats, ordres de bataille, étapes, services de ravitaillement, services de munitions, espérances, incertitudes, la panique, les causes du désastre, tout cela passait devant nous contenu dans ces petits papiers rapportés de là-bas, jaunis, maculés de boue, mouillés par la pluie, par les larmes peut-être, lacérés, aux trois quarts effacés. L'analyse en était rendue claire par les mots que disait Djemal bey, et ce récit prenait à nos yeux les proportions d'une grande fresque noire, où ni un geste, ni une nuance, ni une attitude ne nous échappaient, comme si le peintre même nous eût découvert le secret de sa composition, dévoilé l'âme des personnages et la matière même dont ils étaient colorés.

Et le colonel Djemal parlait d'une voix égale, sans trouble apparent, mais avec une sorte de douleur contenue, enfermée au plus profond de l'âme, et que domine un stoïcisme de soldat, s'arrêtant pour un commentaire, pour discuter une hypothèse, n'enflant pas le ton, ne récriminant jamais, disant, lorsqu'il laissait tomber de sa main ces papiers historiques, vraies reliques du champ de bataille : « Voilà et voilà encore ! et à telle minute ceci advint, et, à telle autre, il fut certain que la journée de Viza finirait comme celle de Kirk-Kilissé », parlant de soi-même et de son rôle dans ces circonstances terribles sans réticence et sans ombre de forfanterie. Un Fustel de Coulanges devait traiter de l'histoire romaine avec cette sérénité. Je n'ai jamais entendu si haute leçon.

— Le récit de Djemal bey tient un volume ; mais j'en ai résumé ici quelques passages.

Ce sont d'abord les fautes des premiers jours, l'incertitude ou l'absence de plan de guerre, le désordre de la mobilisation et de la concentration. Nommé au commandement de la division de Konia, Djemal bey, de toute la campagne, n'en vit jamais qu'un bataillon, celui de Bey-Chehir. Appartenant au 16ᵉ corps, il ignore la zone de concentration de celui-ci et le point où se trouve son chef Hakki pacha. Il le découvre enfin à Tcherkeskeuï, occupé à étudier une position défensive derrière l'Ergène, position à l'abri de laquelle devrait se faire la concentration de l'armée. Mais il est sans pionniers, sans outils, sans troupes du génie, et s'il en demande, ne reçoit même pas de réponse. Naturellement, les travaux projetés là ne reçurent même pas un commencement d'exécution.

Se perdant en hypothèses sur les intentions du grand État-major, ils voient chaque jour les troupes dépasser le point assigné à la concentration. Au 16 octobre, leur corps d'armée a déjà vu modifier par trois fois son organisation. Épuisés par de longues marches, par le lamentable état des chemins, le manque de nourriture, les soldats semblent vaincus d'avance. Des groupes d'artillerie n'ont pas dételé leurs chevaux depuis dix jours. Les cadres manquent ; l'état d'esprit des officiers, uniquement préoccupés de politique, est déplorable. Les rédifs sont mélangés aux troupes d'active sans nul discernement. Point d'ordres, point de renseignements. On marche en désordre, à l'aventure. Tel est le début !

Et nous voici à Kirk-Kilissé. Le mauvais état des chemins, les routes obstruées par les voitures, les caissons enlizés dans la boue rendaient la marche en avant impossible. On mettait jusqu'à quatre heures pour faire six kilomètres. Il pleuvait. Des officiers d'état-major, des commandants de division rencontrés ignoraient au juste si la guerre était déclarée, mais avaient vaguement entendu dire que l'armée turque allait prendre l'offensive.

« En trois jours, nous dit Djemal bey, je pris quatre heures de repos. A Kirk-Kilissé, mon chef d'état-major chercha en vain le gouverneur de la ville ou quelque chose d'approchant qui pût le renseigner sur le lieu où nos troupes devaient camper. Ceux à qui on s'adressait nous répondaient en levant les bras : « Mais il n'y a ici aucune « espèce d'organisation ! » Plus de 15.000 soldats erraient par les rues sans armes, sans équipement, sans uniforme, en costumes de paysans, et répondaient à nos questions : « Voilà dix jours que « nous sommes ici ne sachant que faire et ayant « bien de la peine à nous nourrir. »

« Mon angoisse allait croissant. Comment pouvait-on prendre l'offensive dans de pareilles conditions ? Quelle criminelle folie !

« Je retrouvai Hakki pacha au casino militaire. Il me montra l'ordre d'engagement du 3ᵉ corps où je remarquai tout de suite qu'il était parlé de la 8ᵉ division que j'avais rencontrée tout à l'heure et dont le chef ignorait absolument tout ce qui se passait : « Mais, mon Général, lui dis-je, nous allons être battus ! »

Puis ce furent la retraite du 1ᵉʳ corps, la panique de la division du prince Aziz, tandis que celui-ci, confortablement installé à Iénidjé, déjeunait tranquillement ; les marches et les contremarches inutiles, les troupes affluant dans Kirk-Kilissé, et soudain la débandade.

« Les voitures régimentaires du 3ᵉ corps traversaient les rues au galop de leurs attelages, les habitants, terrorisés, fuyaient : c'était un désordre inouï, un désordre fou. Les régiments qui passaient par là se dissolvaient aussitôt ; en un instant tous nos soldats disparurent.

« Hakki pacha avait perdu la tête. La débâcle gagnait toutes les colonnes.

« Je tentai d'organiser la résistance sur la position de Keredj-Adjak, mais tout fut enlevé par la déroute et le cri : « Voilà les Bulgares, sauve « qui peut ! » Soudain il n'y eut plus autour de moi ni soldats, ni bataillons, ni canons, rien que des hommes, des lâches qui fuyaient, des attelages, les traits coupés, qui prenaient le galop, abandonnant leurs pièces, une cohue indescriptible de gens courant, pleurant, criant, hurlant avec des milliers de voix : « Sauve qui peut, voilà « les Bulgares ! »

« Je me jetai au milieu d'eux, le revolver à la main, menaçant ceux qui étaient près de moi, mais ne voulant pas tirer, de crainte d'augmenter encore la panique et qu'elle dégénérât en tuerie. L'obscurité était complète.

« Dans la nuit, soudain, un coup de feu retentit derrière moi, puis deux ou trois autres. Ce fut comme un signal. De toutes parts la fusillade éclata autour de nous : cris, gémissements, fracas des détonations, c'était comme un concert

infernal et qui semblait ne devoir jamais finir.
Je trouvai enfin un clairon et lui fis sonner plusieurs fois le « Cessez le feu », mais en vain :
plus les appels se faisaient pressants et plus la
fusillade augmentait.

« Je vis là des scènes incroyables. Des femmes,
des enfants fuyaient au milieu des soldats. Ceux-
ci semblaient frappés de folie furieuse ; ils mar-
chaient en criant « Sauve qui peut ! », et tiraient
au hasard des coups de feu dans la nuit.

« Autour de moi, quelques hommes étaient
demeurés : Ramazan, mon fidèle ordonnance,
des officiers, des soldats de mon bataillon,
d'autres qui venaient nous rejoindre, gens de
cœur qui ne voulaient pas fuir. J'en eus bientôt
une centaine autour de moi, me pressant de ne
pas les abandonner, disant qu'ils sauraient bien
faire leur devoir. « Mes enfants, leur dis-je, nous
« allons nous battre et tenir ici jusqu'au bout. »
Je leur ordonnai de creuser une tranchée ; ils y
travaillaient déjà, lorsqu'un officier qui passait
me dit que les Bulgares avançaient sur Assan-
bejli et qu'il était bien inutile de résister. Autour
de nous, dans le plus grand désordre, l'armée
en déroute continuait sa course folle vers Jana.
Oui, il était bien inutile de rester là. Je donnai
le signal de la retraite. »

Comme nous l'écoutons, le cri sinistre de celui qui annonce le feu s'est élevé dans Stamboul silencieuse. Nous avons aperçu de grandes flammes au loin, de l'autre côté de l'eau. Un officier entre et lui parle un instant. Levant la tête, il nous dit : « Le feu est à Kadikeuï, dans mon quartier et tout proche de ma maison. » Nous nous levons : « Non, non, Messieurs, continuons, j'enverrai seulement mon aide de camp. »

Et il continue du même ton, sans nul trouble apparent. Vers 2 heures du matin, l'officier revient : « Le feu est éteint, nous dit-il, ma maison n'a pas souffert. »

« Mon Colonel, lui dis-je de temps en temps, n'êtes-vous pas épuisé ? n'êtes-vous pas désireux de dormir ? remettons à une autre soirée. » — «Non, me répond-il, j'ai maintenant l'habitude; nous allons seulement faire venir trois petits cafés pour nous tenir les yeux et l'esprit éveillés ! »

— « En avant de Jana, je barrai la route aux fuyards avec les hommes qui m'avaient accompagné : « Où allez-vous, lâches ? leur criai-je, « fuirez-vous ainsi jusqu'à Stamboul ? Abandon- « nez-vous ainsi le sol de la patrie ? » Tous s'arrê- tèrent. Beaucoup étaient si épuisés que, de suite,

ils s'étendirent par terre ; les autres disaient :
« Jamais personne ne nous a parlé ainsi, sans
« cela nous n'aurions pas laissé le champ de ba-
« taille ; on nous a dit de nous retirer, il a bien
« fallu obéir. »

« En quelques heures, j'avais réuni plus de
10.000 hommes. Presque tous s'étaient aussitôt
couchés dans la boue et endormis.

« A ce moment, je vis passer Mahmoud
Mouktar pacha, accompagné de son état-major,
qui me donna ordre de venir avec lui jusqu'à
Bunar-Hissar. J'appris par lui que la panique
s'était étendue jusqu'à Tchorlou, à plus de cent
kilomètres de Kirk-Kilissé, où un officier supérieur était entré le revolver au poing criant :
« Voilà la cavalerie bulgare ! »

« Durant les journées qui suivirent, nous ten-
tâmes de reprendre nos troupes en main. Les
routes, les chemins, les villages étaient pleins
d'hommes mourants de faim qui avaient perdu
leurs bataillons et ne faisaient aucun effort pour
les retrouver. Je courais de groupe en groupe,
menaçant, criant, frappant de ma cravache,
tâchant de réunir soldats et officiers. Il y avait
dix jours que *je n'avais pour ainsi dire pas*
dormi. Mes forces me trahissaient.

« Enfin, le travail de réorganisation fut mené

à bien, autant au moins que le pouvait permettre une armée si mal encadrée. Les troupes avaient repris un peu de moral.

Le 29 et le 30 eurent lieu des combats d'une violence inouïe devant Tchongara et Doghanja. Les engagements à la baïonnette étaient constants.

« Le 30, vers midi, les nôtres reculèrent. J'en vis quelques-uns d'abord, puis dix, puis cent quitter la ligne de combat et refluer en arrière. Pour fuir, il leur fallait passer un pont étroit sur le Sandjak-Déré. Je m'y portai; l'un vint sur moi : « Veux-tu t'arrêter », lui criai-je. « Non, me répondit-il », et il fonça. Je pressai la détente, il s'abattit tué net d'une balle dans la tête; derrière lui, un autre, voyant son camarade tomber, se jeta de côté au moment où je tirais; le coup porta dans la poitrine et sortit en arrière de l'épaule. Les autres hésitaient. Mes officiers et moi, nous nous précipitâmes sur eux, les menaçant et les exhortant. Nous réussîmes à les arrêter. Il y eut bientôt plus de douze cents hommes autour de nous. Mais il fallait les ramener au combat. C'est alors que j'aperçus l'étendard d'un régiment de rédifs que portait un sergent. Je sautai de cheval, le lui pris des mains, le déployai et m'écriai : « Que ceux qui veulent mourir avec moi sous les plis du drapeau me suivent ! » Tous s'élancèrent. Nous marchions serrés, en poussant des hourras. En nous voyant, toutes les autres fractions de la chaîne des tirailleurs, sur un front de trois kilomètres, marchèrent de l'avant et, à 2 heures, nous enlevâmes le plateau de 400 mètres pour la possession duquel nous luttions depuis deux jours. »

Puis, fautes déplorables du haut commandement, nouvelle désorganisation.

« Le 1er novembre, dit amèrement Djemal bey, voyant le désordre de mes troupes, je ne pus m'empêcher de pleurer. Toute la journée, le souvenir de Kirk-Kilissé me hanta. Le moral des soldats était épuisé, ils restaient là dans les tranchées, ne s'y trouvant en somme pas plus mal qu'ailleurs, mais incapables d'offensive, incapables même d'une résistance sérieuse à un assaut des Bulgares.

« Cependant, vers 4 heures, Mahmoud Mouktar, dans un élan magnifique, enleva encore une fois ses hommes et s'empara du plateau de 300 mètres dans la direction de Bunar-Hissar.

« Vers 7 heures, le feu cessa de part et d'autre. Un silence plus angoissant que les mille bruits du combat planait sur le champ de bataille. Nous étions tous dans l'attente, quand une grande

lueur rouge illumina le ciel. C'était le village de
Poïrali qui flambait. Alors, fusillade et canonnade recommencèrent sur tout le front avec une
violence inouïe. Les nôtres criaient : « Allah !
« Allah ! » et les Bulgares poussaient leurs
hourras et leurs hurlements d'assaut : « Au
« couteau ! à la baïonnette ! » Tout à coup, sur
le fond rougeâtre de l'incendie, je vis apparaître des silhouettes d'hommes se glissant de
tous les côtés, et dont le nombre allait augmen-
tant. Je compris que c'étaient les nôtres qui
fuyaient. Puis cela devint une foule d'ombres
dans la nuit qui se précipitaient affolées, se
sauvant de la mort.

« Je poussai mon cheval à leur rencontre : « Où
« allez-vous ? arrêtez ! de quel bataillon êtes-
« vous ? » L'étrange est que quelques-uns répondaient ; j'entendis : « Bataillon de Kalaïdjik. » —
« Arrêtez, misérables ! », mais ils s'évanouissaient
dans la nuit autour de moi. J'en saisis un par le
bras qui me dit : « Les Bulgares sont venus tout
« près de nous sans tirer, puis ils nous ont aveu-
« glés de lumière électrique et ont envahi nos
« tranchées comme des démons ; beaucoup sont
« morts là-bas, tués par ces furieux qui ne font
« pas de quartier. » Je m'efforçai d'arrêter cette
cohue, mais c'était impossible, tous fuyaient

autour de moi, hurlant: « Allah ! Allah ! » en proie à la panique. »

Et la déroute continua, semblable à celle de Kirk-Kilissé, sous la pluie torrentielle.

« Les Bulgares ne poursuivaient pas. »

Puis ce furent de nouveau les étapes de la retraite, l'essai de reconstitution de l'armée, en dépit de la fatigue, de la faim, de la défaite, du désespoir, de l'angoisse de la patrie perdue. Maintenant arrêterait-on les Bulgares avant Stamboul? Sans perdre une minute, Djemal bey se mit à l'œuvre. Puis, arrivé au delà de Tchataldja, il commençait l'organisation de la défense lorsqu'il fut atteint du choléra. Il se raidit, continua de se rendre sur les lignes, tombant à plusieurs reprises évanoui de son cheval; puis, durant deux journées, travaillant encore et, du lit où il agonisait, donnant des ordres, veillant à tout. Le 16, on le transporta à Hademkeuï. « J'y arrivai la nuit, nous dit-il; je souffrais tellement que mes cris réveillèrent l'état-major. Le lendemain au matin, un train spécial me portait à Stamboul et je débarquais mourant à la gare de Sirkedji, au moment où les premiers shrapnells bulgares tombaient sur les lignes de Tchataldja. »

Vers 3 heures du matin, nous nous arrêtions.

On faisait venir un dernier petit café; nous fumions encore une cigarette.

Comme nous rentrions à travers Constantinople endormie, de Penennrun me disait : « Un homme de cette trempe n'est jamais un vaincu ! » C'est évident, il y a un certain point où, une fois qu'il a atteint et quoi qu'il arrive, un homme est à l'abri de toutes les tempêtes du sort et ne peut plus en être accablé. Je me rappelais les paroles qu'à ses légions de Germanie, l'empereur Marc Aurèle allait se répétant à lui-même : « Offre au gouvernement du Dieu qui est au dedans de toi un être viril, mûri par l'âge, ami du bien public, un Romain, un empereur, un soldat à son poste attendant le signal de la trompette, un homme prêt à quitter la vie sans regret ». Et nous étions fiers tous deux d'avoir, au miliéu de cette ville aveulie, vécu dans l'amitié d'un homme qui eût su conserver son âme invaincue et ne jamais douter de la patrie.

Femme de Révolutionnaire

———

10 mars.

Mme Youssouf Razi bey, Française de naissance et de cœur, devenue Turque par son mariage, qui se dévoue depuis six mois avec un courage admirable au soin des blessés et des malades, et unit dans un même amour passionné ses deux patries, me raconte cette extraordinaire anecdote, me priant seulement de ne pas donner les noms des personnages.

« Quelque temps après la révolution, je m'étais rendue, me dit Mme Youssouf Razi bey, chez une de mes amies turques. Je la trouvai souffrante et en larmes. Ah! me dit-elle, ne mariez jamais votre fille à un révolutionnaire. Depuis un mois je suis malade et je n'ai pas vu mon mari. Il n'a pas trouvé un instant pour venir jusqu'ici, et je sais qu'il m'aime pourtant; mais dès qu'il s'agit de son pays, je ne compte plus pour rien.

« Ah! j'en ai trop souffert, et cela depuis les premières heures de notre mariage. Nous étions à Salonique; j'adorais mon mari; à ma grande douleur, je le voyais disparaître durant des journées entières, partir quelquefois de nuit par n'importe quel temps, sans m'en donner nulle raison. D'abord je souffris en silence; ensuite je l'interrogeai tendrement, puis désespérément, puis je me révoltai. Un jour je lui dis qu'il me trompait, qu'il avait une maîtresse et que la première fois qu'il quitterait ainsi la maison je l'accompagnerais. Il me le défendit sous peine d'être répudiée, mais j'étais à bout de forces et disposée à tout. La nuit suivante, il se leva pour partir. Je le suivis; il m'avait caché mon tchartchaf et mon voile : « Tout m'est égal, lui dis-je, « je te suivrai vêtue n'importe comment; on me « verra dévoilée, ainsi tu m'auras déshonorée et « tu seras déshonoré aussi. » Il me repoussa, je m'accrochai à lui; il me repoussa encore, je ne le lâchais pas ! Alors il tira son revolver et m'en menaça. Ah! je n'avais pas peur de mourir, mais je sentis que tout était fini, qu'il ne m'aimait plus, et je m'évanouis.

« Trois jours après, lorsqu'il revint, il comprit en me voyant qu'il eût mieux fait de me tuer, et qu'après cela la vie, pour lui comme pour moi, était devenue impossible. Il me prit dans ses bras et me dit : « Ma chère femme, je n'ai « pas de maîtresse, je t'aime, je ne te trompe pas « et je vais te livrer mon secret ; mais en te le « livrant, je remets dans tes mains non seulement « ma vie, mais celle de beaucoup d'hommes, mais « le salut de notre patrie elle-même. » Et il me raconta qu'il appartenait à un comité révolutionnaire qui avait pour but de briser la tyrannie d'Abdul Hamid et de régénérer la Turquie. Lui et ses amis étaient entourés d'espions, poursuivis ; le moindre mot imprudent pouvait entraîner leur perte. Alors, je devins moi aussi révolutionnaire ; j'ai porté les lettres des conspirateurs de Salonique à Constantinople ; vous savez qu'on ne fouille jamais une femme turque. Je me suis faite comitadjie pour l'amour de mon mari, je lui ai tout donné, et pourtant je sais que si nous étions mourants, moi et mes enfants, et que son pays l'appelât, il nous laisserait sans un moment d'hésitation. Ah ! cela est beau, cela est grand certes ! mais j'en ai trop souffert ! »

Positions conquises par les Turcs à l'aile droite

Hademkeuï, Quartier général de l'armée de l'Est,
11 mars.

Le généralissime Izzet pacha nous reçoit à sa table, de Penennrun et moi. Auprès de lui se trouvent Pertef pacha, Zya pacha, Hadi pacha, le colonel Ali Riza, le commandant Nadji bey. Conversation en français, naturellement, et dans un français si aisé, si nuancé, qu'on a quelque peine à se croire si loin de France, en pleine campagne de Thrace ; conversation sans réticence : il est évident qu'on nous témoigne non seulement de la confiance, mais encore de l'amitié. « *L'Illustration* m'a baptisé, me dit Izzet pacha, faisant allusion à mes précédents articles ; dans toute l'armée turque et de par le monde, on ne m'appellera plus désormais que le général « le bloc » ; voyons ! je ne suis pourtant pas aussi gros qu'Izzet Fuad pacha, commandant de la cavalerie légère. » — « Sans doute, sans doute, mon Général, mais j'ai voulu dire un bloc de marbre. » Et c'est vrai ! dans le mouvement, le port, l'attitude, Izzet pacha a je ne sais quoi de robuste, d'énergique, de volontaire qui exclut l'idée de graisse ; c'est une forte charpente, une puissante ossature, mais non pas surchargée et alourdie.

Sortis de table, de Penennrun me dit : « Ces pachas sont infiniment représentatifs, au point qu'on ne s'imagine pas autrement en Occident des pachas ; grands seigneurs, cordiaux, d'une courtoisie parfaite, confiants comme des hommes qui regardent la méfiance comme une mesquinerie de croquant, ayant sur le visage la marque de toutes les qualités nobles et aristocratiques ; mais les autres, l'ennemi, les Bulgares, sont des loups maigres, grinçant des dents de haine et d'appétit si l'on vient à parler de Turcs, tandis que ceux-ci, même après ce qui s'est passé, parlent de l'adversaire comme un gentilhomme s'entretient avec vous de quelqu'un par lequel il a été une fois blessé en duel. Eh bien ! il faut être loup maigre pour vaincre. »

*
* *

12 mars.

Le généralissime nous a donné, à de Penennrun et à moi, une de ses automobiles pour nous conduire jusqu'à Yassiviran, quartier général de Mahmoud pacha Tchourouk Soulou, commandant de l'aile droite. Nous voici parcourant la route militaire qui se déroule le long des collines desservant les ouvrages fortifiés des lignes de Hademkeuï : flot descendant, flot montant, toute une fourmilière s'y presse. Elle serpente à l'infini, cette route blanche, se détachant sur le flanc des collines boueuses, noires et dépouillées, comme un ruban qui y aurait été posé d'un seul coup et d'un bout à l'autre, avec la main ; et, dans l'air limpide, vif, glacé, de cette matinée de fin d'hiver je vois par le détail tous les petits personnages qui la parcourent. Rappelez-vous ces fresques italiennes où des cortèges, processions armées, rois mages, pèlerins, brigands s'acheminent tout le long des sinuosités d'un chemin qui va jusqu'à l'horizon : c'est cela. Dans ce tableau primitif, notre automobile fait l'effet d'un bolide anachronique que ni le peintre, ni les astronomes de l'époque n'avaient encore su prévoir. Les chameaux pacifiques attachés à la file et que guide un petit âne bien plus pacifique et bien plus philosophe encore, s'émeuvent, se jettent les uns dans les autres, barrent le passage et, à notre approche, grognent, hirsutes et rébarbatifs ; bien rares sont ceux qui conservent un peu de la tenue et de la dignité convenables à des bêtes qui ont vu l'Asie et l'Europe et frôlé tant de choses plus mystérieuses qu'une automobile. Seul le petit âne ne se trouble pas ; il s'arrête, cramponné sur ses quatre pattes, avec, dans les yeux, la ferme résolution d'attendre que le tumulte soit passé. Les autres continuent de se trémousser, jettent bas leurs charges, glissent dans le fossé, s'enlisent dans la boue. La longue caravane dépassée, nous voici au milieu des voitures, des cavaliers, des piétons, des chariots de munitions, traînés par leurs gamouses aux formes préhistoriques, aux yeux trop bons pour avoir jamais regardé les choses de ce monde ; ces vaches gamouses ne deviendront à coup sûr jamais enragées, et elles avancent si doucement et avec un tel air de résignation qu'il semble que ce soit pour l'éternité. Pourtant, lorsque nous les effleurons, à tant de bruit, de souffles entrecoupés, de pétarades, elles tordent tout de même un peu l'échine comme au passage d'un monstre inconnu ; et leurs conducteurs ont les mêmes yeux qu'elles ;

puis, des voitures de toute espèce, réquisition-
nées partout, chars à bancs ou berlines, peintes
en couleurs vives avec des fleurs, des paysages,
voitures telles qu'on en voit encore sur la côte
d'Asie, y transportant des harems de petites ou
grosses femmes fagotées dans leurs tchartchafs,
et qui, maintenant, ici, emmènent vers Hademkeuï les blessés et les malades, convois de vivres,
ânes, chevaux, mulets de bât, cavaliers, soldats
de pied, équipes d'ouvriers chargés de pelles et
de pioches.

Tout cela fait place, mais hésite à quitter la
route en dehors de laquelle ne demeure que la
plaine de boue qui commence à peine de sécher. Ils sont si contents de sentir le sol résis-
tant sous eux, une terre où la jambe n'enfonce
pas jusqu'au genou, où on ne glisse pas, où le
pied rebondit élastique, enfin la bonne vieille
croûte terrestre, l'honnête plancher des vaches
et des hommes au moins autant fait pour les
porter que pour les engloutir, et qui, depuis
tant de mois, s'en va en pourriture et en liquéfaction. Nous passons cependant. Il y a quelque
désordre et confusion, mais cela s'arrange
sans bataille, sans coups, même pour les bêtes.
Les hommes saluent, regardent un peu étonnés,
sourient.

Nous trouvons à Yassiviran le général Mahmoud pacha Tchourouk Soulou ; c'est un homme de soixante ans, portant lunettes d'or, au poil blanc, à la figure souriante, ayant tout l'air d'un professeur tudesque d'astronomie, aimable, tranquille, bienveillant, avec je ne sais quoi aussi d'énergique et d'immobile dans les traits. Il s'est conduit, durant la guerre, non seulement en brave soldat, mais en excellent général. Mahmoud pacha est un stoïcien. Il aime à vivre dangereusement. Il ne boit pas d'alcool, ne fume pas, ne se chauffe pas en hiver. Cela ne m'étonne pas ; une âme en réaction contre l'épicurisme de l'Islam va tout droit à cette doctrine. L'une ne me satisfait pas plus que l'autre. Elles me semblent également pauvres, également fatalistes, toutes deux négatives, toutes deux condamnant pour d'aussi médiocres raisons la nature humaine.

Un ordre parfait règne dans les campements. Les emplacements sont bien choisis, les tentes bien groupées ; pas un chariot, pas un caisson ne dépasse l'alignement ; des rigoles sont creusées pour l'écoulement des eaux ; nul soldat ne demeure inactif. Naturellement, capotes, jambières, kalpacks, béchliks, se ressentent de la campagne et des outrages de l'hiver ; mais partout où il y a un ruisseau, on lave, on lessive avec frénésie chemises, caleçons, chaussettes ; à ce premier rayon de soleil, tous les dessous de l'armée turque sèchent sur les buissons.

On nous a tout montré : emplacements de l'artillerie de campagne et de la grosse artillerie, ouvrages permanents ou semi-permanents, tout, jusqu'au plus petit détail. Les officiers nous guident, fiers de nous faire voir comme ils ont bien travaillé. De fait, on y a mis de la coquetterie, fait des fioritures, raffiné sur l'architecture des tranchées, la protection des pièces d'artillerie, la façon de les dissimuler. Aujourd'hui, les positions de Tchataldja peuvent être considérées comme imprenables autrement que par un siège en règle comme celui d'Andrinople.

Nous franchissons les dernières tranchées et le réseau des fils ronceux ; au-dessous de nous, s'étend la haute vallée du Karasou. Juste en face, de l'autre côté, à flanc de colline, voici Kastanelik, Dag Ienidjekeuï et plus loin Lazarkeuï, dissimulé par un pli de terrain. C'est de là que partirent, durant les journées du 17 et du 18 novembre, les 3e et 9e divisions bulgares, dont les attaques vinrent se briser contre les tranchées turques. Je regarde avec une émotion profonde cette pente dénudée, qui monte au fort d'Iléré Tabia où, durant tout un jour, la force, l'âme d'un peuple s'employèrent à faire un pas de plus en avant, un pas qui assurât la possession de Constantinople et de Sainte-Sophie, l'accomplissement du grand rêve !

Nous traversons Kastanelik détruit par les Bulgares, et nous voici sur leurs anciennes positions ; au terrain marécageux de la vallée, succède la petite brousse des collines. Des soldats turcs occupent les abris que l'ennemi avait construits. Il y a là de véritables cités de troglodytes.

Sur la hauteur qui domine Kastanelik, nous nous trouvons juste au point d'où mon confrère de Penennrun assista à la bataille de Tchataldja aux côtés du général Dimitrieff, et précisément, une petite crête franchie, voici, en face de nous à 1.200 mètres, les Bulgares, et à 600 ou 700 mètres seulement, leurs sentinelles ; un petit groupe de sept à huit personnes nous observe comme nous l'observons ; à gauche, quelques hommes se silhouettent sur une autre crête. En leur présence, de Penennrun nous refait le récit des journées des 17 et 18 novembre tel qu'il les vit de ce point d'observation.

Nous regagnons la vallée du Karasou, croisant une compagnie qui vient relever celle des avant-postes. Beaucoup de volontaires lazes ou

géorgiens : depuis cinq mois, ces braves gens
font la guerre, ayant quitté familles, terres qu'on
n'ensemence point, maisons, ayant donné en
somme plus que leur vie, et c'est parmi eux
qu'on trouverait sans doute les adversaires les
plus résolus de la paix. Leurs visages sont
rudes, creusés par la fatigue, les privations, les
intempéries, mais beaux cependant et comme
sculptés par ce grand maître qu'est la souffrance
endurée pour une cause noble. Je suis persuadé
que, parmi ces paysans, il n'y en a pas un qui
doute de servir quelque chose de supérieur à
lui-même et à quoi on ne doit point désobéir
sous peine d'avilir son âme.

Enfin, nous regagnons le fort d'Iléré Tabia
devant lequel fut blessé, le matin du 18 novembre, le général commandant le 3e corps,
Mahmoud Mouktar pacha.

———

Combats du 18 au 30 mars

---

18 mars.

L'armée ottomane a pris l'offensive sur tout le front, mais cette offensive s'est bornée à une reconnaissance en force.

Les Bulgares occupaient la ligne Silivri, Kadikeuï, Indjeghiz, Karamurat, Aksalan, Kalfa-keuï, Sivaskeuï, Karadjakeuï. Le matin du 18, ordre fut donné aux détachements turcs qui se trouvaient en première ligne de marcher en avant.

A l'aile gauche, entre Bogados et Silivri, les collines d'Arab Tépé furent enlevées à la baïonnette ; la 9ᵉ compagnie du 1ᵉʳ chasseurs se distingua particulièrement à cette affaire, perdant 25 hommes. Mais les Bulgares ayant reçu des renforts, cette position dut être abandonnée dans la nuit.

Du côté de Kadikeuï qu'attaquait la 5ᵉ division du 2ᵉ corps, les projectiles de l'artillerie de campagne turque tombaient sur le village de ce nom et arrosaient très efficacement la position de l'ennemi située à l'est du bourg, protégeant la progression de l'infanterie; à 4 heures de l'après-midi, le combat devint très intense, les Bulgares furent chassés de leurs tranchées que les Turcs occupèrent et où ils trouvèrent sur les cadavres des manteaux de soldats russes. Kadikeuï fut incendiée.

Au centre, un détachement marchant sur Karamurat-Tchiflik a occupé les positions au sud de Indjeghiz et l'artillerie a poursuivi l'ennemi se retirant dans la direction de Kadikeuï. Près de Tchataldja, au nord du chemin de fer, un autre détachement a repoussé l'ennemi qui occupait un terrain boisé. A l'aile droite, les avant-postes de l'ennemi, près de Karadjakeuï, ont été occupés par les Turcs. L'ennemi fut également repoussé d'une position qu'il occupait au sud-est d'Akalan et les Turcs s'avancèrent jusqu'à cinq cents mètres d'une nouvelle position prise en arrière par les Bulgares.

Dans la journée du 19, l'ennemi ayant considérablement renforcé ses avant-postes, les troupes turques reprirent leurs anciennes positions. Durant ces combats, deux aéroplanes turcs, l'un à l'aile droite, l'autre à l'aile gauche, volèrent au-dessus des lignes bulgares.

Quant aux pertes, le détachement de l'aile gauche a eu 60 tués et 150 blessés; celui du centre, 11 tués et 95 blessés dont deux officiers, et celui de droite, où l'engagement fut le moins vif, une soixantaine de tués et blessés.

*
* *

Samedi, 22 mars.

Le capitaine Kemal bey a volé au-dessus des lignes bulgares durant quatre heures et est parvenu jusqu'à Tchorlou.

Le temps est au beau fixe depuis tantôt quinze jours; partout la terre a séché. Tout favorise maintenant l'offensive. Mais il me semble que les Turcs craignent de se heurter, en avançant, à une barrière semblable à celle que les Bulgares ont trouvée à Tchataldja et hésitent à risquer leur dernière carte et leur dernière armée. Qui sait? peut-être seront-ce les Bulgares qui viendront de nouveau les chercher, répondant par des coups de canon aux propositions de paix de l'Europe?

*
* *

Dimanche de Pâques, 23 mars.

Je me suis rendu de Hademkeuï à Buyuk Tchekmedjé et à Kalligratia où s'est transporté aujourd'hui le quartier général d'Hassan Izzet pacha, commandant le 1er corps d'armée; puis, de là, sous la conduite d'un jeune volontaire, Alet bey, neveu d'Hassan Izzet pacha, qui s'est distingué durant toute la campagne et a fait lors d'un des derniers combats deux prisonniers bulgares, nous avons gagné Bogados par Kumburgas, lalos et Ksasteros. J'ai retrouvé à Bogados le commandant Hamid Zafer que j'avais connu devant Tripoli à Fondouk Bou-Guéchir. Me voici de nouveau son hôte. Bogados est un beau village au bord de la mer, peuplé de Grecs que la guerre ne semble pas avoir trop effrayés; des fillettes jouent dans la rue, les paysans vaquent à leurs affaires, reviennent de leurs vignes; nous visitons quelques notables qui nous offrent la collation. Pourtant on s'est battu ici il y a quatre jours; les shrapnells tombaient dans les rues; demain on peut se battre encore, et, devant un retour en force des Bulgares, les Turcs peuvent être obligés de nouveau de décamper. Bon repas chez le commandant Hamid Zafer : du yahourt délicieux, de magnifiques oranges ; par les fenêtres, je découvre la mer inondée de lumière lunaire, sans pli, sans ride, limpide et reflétant comme un miroir ; il fait une atmosphère de printemps chaud qui surprend après ce long hiver, après les neiges des jours passés et qui fait battre le sang aux tempes. Le commandant Hamid Zafer n'a pas changé depuis Fondouk Bou-Guéchir, rude, bronzé, implacablement volontaire ; pas plus ici que là-bas, il ne veut se résoudre à croire la partie perdue. « Rappelez-vous, me dit-il, nous étions en bien pire état devant Tripoli et pourtant nous n'avons pas été vaincus. Ici, avec un peu d'entêtement et d'audace, il est temps de vaincre encore ! »

Mais les adversaires ne sont pas les mêmes !

*
* *

Lundi de Pâques, 24 mars.

Dès le matin, nous nous rendons aux avant-postes, à quinze cents mètres en avant de Bogados ; le long de la côte, une petite canonnière turque, *le Zouave,* bombarde les positions bulgares qui s'élèvent devant nous sur les collines d'Arab Tépé, conquises le 18 à la baïonnette par les chasseurs du commandant Hamid Zafer, mais qu'ils durent ensuite abandonner devant les forces considérables de l'ennemi.

Nous gagnons Surgunkeuï dont les dernières maisons à l'ouest sont occupées par les avant-postes turcs et qu'un shrapnell vient frapper de temps à autre. Nous apercevons tout à coup, sur les crêtes qui nous font face, à deux mille mètres environ, les Bulgares qui sortent de leurs tranchées ; nous croyons à une attaque sur Surgunkeuï ; mais non, ils se dirigent vers l'est.

Le pope grec nous accueille et nous offre rafraîchissements et confitures.

Puis, quittant mes hôtes, je prends, en compagnie de Zya bey, la route de Ienidjé et d'Elbasan. Vers 3 heures, la canonnade commence du côté d'Elbasan, et bientôt s'étend au delà de Tchataldja, prenant une intensité particulière vers le nord en avant de Kastanelik, vers Akalan. Sur un front d'une quinzaine de kilomètres, allant de Tchanatcha à Kadikeuï—Elbasan, les Bulgares dessinent un mouvement offensif. La 7ᵉ division du 3ᵉ corps d'armée est particulièrement engagée du côté d'Akalan. Mais, vers 7 heures du soir, tous se tait.

*
* *

25 mars.

Les Turcs abandonnent leurs positions avancées et se retirent sur leurs anciennes lignes fortifiées de la rive droite du Karasou. Cependant la 31e division commandée par Enver bey se maintient dans la presqu'île comprise entre la pointe du lac de Buyuk Tchekmedjé et Koum Bourgas, ayant assuré sa retraite par la construction de trois ponts de bateaux dressés en hâte parallèlement au grand pont de pierre de Buyuk Tchekmedjé—Kalligratia.

*
* *

28 mars, Hademkeuï.

Je suis installé sous la tente, décidé à attendre ici ou la paix ou le grand assaut de Constantinople par les Bulgares. Après la prise d'Andrinople, ce dernier ne me paraît pas improbable. On dit qu'une partie de leur artillerie de siège est arrivée à Tchorlou. Ce n'est guère l'habitude des victorieux d'en rabattre de leurs rêves, et le

grand rêve slave, c'est la conquête de Constantinople. Quant à l'intervention des puissances, j'en
entends parler depuis si longtemps et depuis si
longtemps en vain que je n'y crois plus guère.
Cependant, il faut admettre le point de vue de
Kiamil pacha, qui, interrogé un jour par un
journaliste si la paix était proche, lui répondit :
« Monsieur, nous en sommes, à chaque jour qui
passe, un peu moins éloignés. »

*
* *

Samedi 29 mars, Hademkeuï.

Les Bulgares ont fait cette nuit une attaque
contre les positions turques, en avant de Lahanakeuï, et se sont emparés, vers 1 heure du matin,
d'une colline située à deux kilomètres au nord-
ouest de ce village, colline non indiquée sur la
carte, mais à laquelle les soldats ont donné le
nom de Sivri-Tépé. Tempête, vent du nord furieux, brouillard intense. Dès le matin, les Turcs
reprennent l'offensive contre la position abandonnée dans la nuit. Enver bey les commande.
Je me rends à cheval sur les hauteurs d'Atché
Burgas d'où j'assiste à la bataille, de fort loin

malheureusement, mais on m'empêche d'aller plus loin.

Du haut d'une vieille tour du quinzième siècle, nous observons l'horizon au delà du lac de Tchekmedjé qui, petit à petit, se dégage du brouillard. Sur la double ligne des collines, entre Mandra, Lahanakeuï, Tchakilkeuï, les shrapnells éclatent sans discontinuer. Nous apprenons que vers midi la position de Sivri-Tépé a été reprise par les Turcs et que les Bulgares y ont laissé trois cents cadavres, cinq cents fusils et un millier de pelles. Deux régiments de la 1re division bulgare (Sofia, général Tocheff, division appartenant à la 1re armée, général Kutincheff) se sont retirés en désordre vers Ksasteros et Tchakilkeuï. Les forces turques de contre-attaque étaient d'environ 6.000 hommes. Vers 1 heure de l'après-midi, deux bataillons bulgares, avec une incroyable audace, mais espérant se trouver dissimulés par le brouillard, sortent de Tchataldja se dirigeant sur Fanasakris, d'où ils comptent prendre à revers l'aile droite turque, mais les batteries de Bakchaïchkeuï les rejettent en désordre sur Tchataldja.

Enver bey a encore une fois sauvé l'honneur !

Le dernier shrapnell

—

6 avril, Hademkeuï.

Je crois que, chez les Turcs, le besoin d'en finir est complet. Ah ! la résignation de l'âme orientale, le manque d'élan, l'absence de réaction, je ne les avais jamais vus, sentis si complets. Je ne sais quel est en ce moment le moral des Bulgares ; il doit être assez élevé, si j'en juge par la prise d'Andrinople enlevée de haute lutte, mais, lorsque je vois l'état d'apathie et de passivité des gens d'ici, il me vient à douter si l'ennemi n'emporterait pas cette fois les lignes de Tchataldja et n'arriverait pas d'un coup à Sainte-Sophie.

Ce peuple-ci a perdu son âme je ne sais où, mais le fait est qu'il n'en a plus ou que le ressort en est cassé. Il est 6 heures du soir ; la voix de l'imam monte au-dessus de la colline de Hademkeuï mêlée au sifflet des trains dans la gare, au roulement des wagons, aux accents peu martiaux d'une musique de régiment qui joue sous les fenêtres de Ahmed Abouk pacha une espèce de contredanse évoquant les souvenirs des bals musettes de la barrière du Trône. Cette voix est poignante et le chant admirable, d'un accent étrange, éveillant le ressouvenir des pressentiments les plus secrets, des pensées les plus graves, les plus religieuses, les plus profondes ; ce qui s'exprime ainsi est quelque chose d'éternel, doué de réviviscences inconnues ; c'est le verbe d'un esprit sublime. Pourtant il me semble qu'elle retombe dans le vide, cette voix, et que, ce soir, un chien infidèle, comme je suis, est seul à l'entendre et à en éprouver le frémissement. On goûte cela, comme une chose de musée, très ancienne, dont le contour nous invite à deviner l'âme secrète, mais qui vous demeure plus qu'aux trois quarts obscure et voilée. J'ai aimé ainsi des figures égyptiennes, ou des airs très anciens que le chanteur répétait sans doute sans les plus entendre, mais dont la ligne infiniment précise et infiniment subtile, ou dont la vibration musicale évoquaient pour moi certains sentiments presque indéfinissables et cependant très simples, d'éternelle beauté, d'éternelle vé-

rité, d'éternelle humanité. L'Islam se meurt et
ses imams continuent de chanter pour la gloire
de Dieu et la satisfaction de quelques Roumis
trop nourris d'esthétique.

*
* *

7 avril.

Je visite le camp des irréguliers kurdes que
l'on vient enfin d'amener sur les lignes, beaux
Sémites, aristocrates aux longs visages, aux
mains maigres, aux yeux lourds, voilés et pro-
fonds, aux sourcils barrés et dramatiques, portant l'ample manteau solennel comme une chape
sacerdotale, le voile retombant de chaque côté
du visage et que maintient le cordon noir en
poil de chameau. Je vois d'admirables groupes
devant les tentes, des jeux, des conversations,
des poursuites animées de chevaux qui ont
rompu leurs entraves, tout un mouvement qui
me rappelle les camps bédouins, les jours vécus
en Tripolitaine et en Cyrénaïque, mon voyage
d'autrefois en Syrie, mille choses colorées, bril-
lantes, décoratives de jadis que j'ai tant aimées,
et qui me consolent du spectacle de grisaille, de

laideur, de défaite que je contemple depuis six mois.

*
* *

14 avril, 5 heures du soir.

Nous voyons tomber le dernier shrapnell bulgare sur les hauteurs de Fanasakris. La veille ont eu lieu des pourparlers d'armistice.

La ville sans âme

—

Fêtes de charité, bals, comédies ! Mon confrère Paul Genève me dit : « Il y aurait un bel article à faire sur deux colonnes juxtaposées : Dix heures du soir à Péra, dix heures du soir aux avant-postes. » Ce pays est vaincu, conquis et, semble-t-il, point trop mécontent : « Ce qui fait le malheur des Turcs, me dit un ami, c'est qu'ils se sont toujours satisfaits de fort peu de chose, voire du moins mal, voire du pire. » Pascal disait : « Je ne puis approuver que ceux qui cherchent en gémissant. » Si l'on comprend bien ce mot, on a senti du même coup jusqu'au tréfonds l'opposé de l'esprit turc. Les Turcs ont trouvé depuis des siècles que la vie était chose trop compliquée, ennuyeuse et difficile, et se sont arrêtés à peine partis, préférant s'en remettre à un autre du souci de leur destinée et estimant que mieux vaut mourir que de se donner tant de tracas, au risque d'en devenir fou. « Deux paras de cresson, plutôt que d'affliger mon âme », dit la sagesse musulmane. C'est un point de vue évidemment ! Ce n'est pas celui des Bulgares, et telle est la cause de leur victoire.

Y aura-t-il ici révolution après la paix et au moment du retour de l'armée dans ses foyers ? Je ne le crois pas. Djemal bey a la poigne rude et se chargera de calmer les mécontents. Il y a eu depuis deux mois six mille arrestations et expulsions. Le parti « Union et Progrès » possède dans l'armée les officiers les plus énergiques et, parmi les civils, les seuls hommes de gouvernement. De plus, ils ont l'habitude des révolutions, en ayant fait plusieurs et ayant été déjà renversés. Ils savent comment on s'y prend pour l'attaque et pour la défense. L'autre parti a pour lui le nombre et l'argent, assure-t-on. Mais les révolutions ne sortent guère, à l'habitude, des partis conservateurs. Il est rare que les moutons gras dévorent les loups maigres, et tous ces excellents vieux Turcs, pachas, généraux, etc., sont trop gras, trop bien nourris, trop satisfaits. De plus, tout le monde est las de la guerre, las des révolutions : « Ce gouvernement est fort

mauvais, dit-on, mais il vaut mieux le garder
que de se battre de nouveau pour en changer ! »

*
* *

24 avril.

Scutari s'est rendue. Tout va-t-il être de nouveau remis en question ? Il semble que les Turcs
ne soient pas trop fâchés de voir la place prise,
les puissances se trouvant ainsi dans l'embarras.
Non pas qu'on voie bien quel avantage ils en
peuvent retirer ; mais, au point où ils en sont,
le seul réconfort qu'on attende des événements
gît dans le malheur des autres. Une conflagra-
tion générale emporterait sans doute la Turquie,
mais aussi tant d'autres pays avec elle que
celle-ci se sentirait moins seule à périr.

Machiavélisme turc, machiavélisme russe,
échec autrichien, anarchie albanaise, difficulté
d'enlever aux vingt-cinq mille Monténégrins la
ville qu'ils viennent de prendre, voilà bien de
nouvelles cartes au jeu. Je persiste cependant à
croire qu'ici, entre Bulgares et Turcs, c'est la
paix. Ceux-ci sont à peu près hors de combat,
c'est-à-dire incapables d'offensive, matériélle-
ment épuisés et moralement à bout d'âme et de

souffle. Plus rien à faire à Constantinople pour l'instant ! Si au moins des événements comme la prise de Scutari ou d'Andrinople y avaient quelque écho. Mais rien ! c'est incroyable ! Certainement on s'en soucie plus à Paris ou, voire, à Romorantin. Les Constantinopolitains ouvrent leur journal avec l'indifférence profonde de gens que de telles nouvelles laissent impassibles ; un sourire, une plaisanterie sur le roi Nikita, voilà tout ! On s'en moque à Stamboul comme à Péra. La voix de n'importe quel canon, le son des trompettes de Jéricho ou du jugement dernier viendraient mourir ici sans être entendus et ne trouveraient que des murs écroulés, des Turcs morts et enterrés depuis plusieurs siècles, et des Levantins dont il est mieux de ne point parler.

Mais la question est plus vaste. Si l'Autriche marche contre le Monténégro et les Serbes, la Russie entre en ligne et nous voici du coup, nous autres Français, à la frontière du Rhin. C'est là le point fatal où toutes les forces accumulées de l'histoire doivent faire se rencontrer prochainement, une fois de plus, les armées gallo-romaines, les armées de la civilisation contre les armées de la barbarie germanique. Cela viendra à la suite d'un incident ou de n'importe quoi, mais cela viendra à coup sûr.

Et c'est à peu près, me semble-t-il, la seule chose qui soit digne d'occuper la pensée. Il faut être prêts. Je viens d'assister, durant sept mois, au spectacle d'un peuple vaincu et qui s'abandonne, d'une forme de civilisation, si l'on peut dire, mais enfin d'une manière d'existence commune à un certain nombre d'hommes qui périt. C'est une leçon effrayante !

*
* *

27 avril.

Pâques grecque et fête du Sultan, bannières, pétards, illuminations, réceptions, feux d'artifice ; grande joie enfin chez les musulmans et chez les orthodoxes. On célèbre ainsi la perte de la Turquie d'Europe.

Ah ! ville sans âme ! Et cependant elle est admirable par ce printemps ; variété, fraîcheur, jeunesse des verdures dans Stamboul et sur le Bosphore, le paysage a comme un air et comme un parfum de blonde qu'on voudrait épouser.

La guerre est finie, bien finie, oubliée presque. Ces gens-ci y ont-ils sérieusement jamais pensé ? Allons, il est temps de quitter ce pays !

Mitro

Durant les interminables journées de cette seconde période de la guerre, tandis que les heures s'écoulaient monotones, ponctuées par l'inutile canonnade, une histoire turco-bulgare qui m'avait été contée durant une autre guerre, tandis que j'accompagnais les troupes turco-arabes de Cyrénaïque, m'est bien souvent revenue en mémoire. Certains traits de caractère particuliers aux deux peuples m'y paraissent marqués de couleurs si vives que je n'ai pas hésité à la rapporter ici. Mais ce que je n'ai point su redire, c'est le milieu où je l'entendis, c'est l'émotion du conteur : décor du désert, histoire d'amour et de sang ; hélas ! on ne trouvera ici que la cendre d'une belle flamme ou la chrysalide desséchée d'un papillon étincelant.

— C'était durant la guerre de Tripolitaine. Je

revenais des fortifications italiennes de Benghazi,
au camp bédouin, en compagnie du commandant Aziz bey. Il faisait nuit noire. Le vent de
guébli avait soufflé les étoiles au ciel, puis était
tombé, ne laissant subsister de son passage
qu'une atmosphère orageuse et qu'une épaisse
poussière de sable. Près de la tête de nos chevaux, un guide de la tribu des Baraghtas avançait d'un pas souple et silencieux ; je ne voyais
de lui que le long flot de son burnous blanc,
semblable, dans la nuit, à l'aile de l'ange qui
précédait Tobie sur le chemin du désert. Les
heures succédaient aux heures ; étions-nous
perdus ? Pas un indice pour se conduire : le noir
sans horizon, sans accident. De temps à autre,
notre guide tournait en cercle, humait, tâtait le
faible vent. Nous l'interrogions parfois pour
savoir où nous nous trouvions, proches ou éloignés du camp ; mais il se gardait de répondre à
si sotte et si inutile question.

Bien persuadés que nous passerions ainsi la
nuit à la recherche du camp et à faire des ronds
dans le sable, nous tâchions, Aziz bey et moi,
de rompre la monotonie de la route, nous entretenant de Constantinople lointaine, de la Turquie, de la guerre actuelle, des grands conflits
qui en pouvaient résulter et de leurs consé-

quences pour l'Europe… « La guerre est, pour un peuple, la grande épreuve, » me disait Aziz bey. « Tout le monde nous estime usés, décrépits, prêts à mourir. Pourtant nous résistons ici et avec quels éléments ? vous le savez. Eh bien ! je pense qu'au milieu de notre décadence, la fibre militaire ne s'est pas amollie, que notre armée représente ce qu'il y a de plus vivant dans la nation. La future, l'inévitable guerre des Balkans sera le signal de notre fin ou de notre relèvement, et j'estime que, dans la lutte avec les Bulgares, nous devrions être vainqueurs, et qu'une telle victoire consacrerait l'existence de la Jeune Turquie. Une grande révolution pacifique est œuvre impossible. Nous l'avons tentée de bonne foi, nous avons essayé de faire vivre d'accord, égaux et frères, les peuples de race et de religion si différentes qui grouillent dans l'Empire, mais il faut du sang pour cimenter les pierres d'un si grand et si instable édifice, beaucoup de sang et le prestige de la gloire gagnée sur le champ de bataille. Tout deviendra possible ensuite. Ces peuples des Balkans ne sont pas si loin de nous qu'on le dit, les Bulgares particulièrement ; au fond, ce sont gens de même souche que nous, ayant les mêmes vertus, mais qui, par suite de je ne sais quel accident historique ou géographique, peut-être parce qu'ils sont passés par le nord de la Caspienne au lieu de passer par le sud, en ont su tirer meilleur parti. Je les connais bien, j'ai vécu au milieu d'eux toutes mes premières années de soldat ; lieutenant, jeune capitaine, j'ai poursuivi les bandes en Macédoine et bataillé contre les comitadjis. On ne se bat pas si longtemps, on ne se hait pas avec une si furieuse passion sans s'influencer réciproquement. J'ai été quelque peu conquis par l'ennemi que je pourchassais, j'ai admiré ses vertus, j'ai souhaité que la paix et un accord sincère nous réconciliassent.

« C'étaient de rudes hommes que ces gens des bandes, braves au delà de toute expression, patriotes jusqu'au crime et à la folie. Jamais on ne pouvait les prendre vivants ; sur le point d'être faits prisonniers, ils se frappaient avec leurs poignards et auparavant s'arrangeaient toujours pour faire disparaître ou briser leurs fusils. Et ce n'étaient pas seulement des brigands de grand chemin, avides de tuer et que poussent uniquement la vengeance et la haine, mais de petits maîtres d'école, des étudiants revenus de Paris ou de Montpellier, des intellectuels, des primaires surtout, déjà à demi socialistes, anarchistes même, qui parlaient de faire marcher le roi Ferdinand par la peur des bombes, mais fanatiques de l'idée de la patrie indépendante et de la plus grande Bulgarie, et jugeant sa constitution une étape nécessaire vers la réalisation d'un idéal plus lointain. Ils en étaient, comme le furent aussi vos révolutionnaires, à la période du nationalisme. Que leur importaient les moyens ! Que leur importait le sang même de leurs compatriotes ! Jamais ils ne trouvaient que notre répression fût assez dure ; il fallait, pour la réussite de leurs projets, que dans ce pays ensanglanté tout espoir de paix devînt impossible. Et ils voulaient non seulement faire leur patrie et l'agrandir, et qu'elle respirât et vécût, mais que ce fût fait de suite, « car, di- « saient-ils, il n'y a pas de temps à perdre, l'Eu- « rope est là qui veille, pleine d'appétit, et les « intérêts y sont aujourd'hui trop nombreux et « trop opposés pour qu'elle voie d'un bon œil de « nouveaux concurrents venir au monde et s'y « installer ; il nous reste fort peu de temps ; si « nous n'allons très vite, tout est perdu. » Aussi, tout en faisant la guerre, ils voulaient encore instruire, mettre au niveau de n'importe quel Européen les futurs sujets de la nouvelle Bulgarie. Ces primaires avaient le fanatisme de l'école autant que celui de la patrie. La nuit, chez le pope, dans les bois, partout où ils pouvaient, ils faisaient l'école, apprenaient à lire à des paysans, à des montagnards si rudes que leurs dures cabochés repoussaient la leçon comme une balle de liège. Mais ils s'acharnaient, et il est arrivé que, l'élève se montrant trop stupide, ils le tuassent, le considérant comme indigne d'appartenir à la société bulgare, comme un poids inutile dont on se débarrasse quand tout impose un grand effort d'où dépendent la victoire ou la défaite, la mort ou la vie.

« Ah ! que n'avons-nous aimé notre patrie à ce point ! »

— Nous continuions d'avancer dans la nuit, botte à botte, les têtes de nos chevaux se touchant.

« Et moi, me dit Aziz bey, j'ai été sauvé par une fille bulgare !

« J'étais jeune officier, frais sorti de l'école. On m'avait envoyé à la poursuite des bandes dans le vilayet de Monastir. Je traquais les brigands avec la passion d'un chasseur ; j'étais plein de belles histoires de guerre, ivre encore des leçons que j'avais reçues de mes professeurs français du Caire, qui ne nous entretenaient que de Napoléon et de ses maréchaux. Je me répétais à toute heure le mot de Lassalle :

« Un hussard qui n'est pas mort à trente ans
« est un jean-foutre. » Je voulais à toute force
égaler ces grands hommes. Et le pays était
magnifique : montagnes, grands bois, rochers,
solitudes, embuscades, poursuites de jour et de
nuit, complots, danger perpétuel. Ah ! certes,
je n'avais pas envie de revenir à la ville.

« Quelque temps après mon arrivée, j'avais
fait un coup d'éclat, cerné avec mes hommes une
bande d'une douzaine de comitadjis. Les uns
étaient morts dans le combat ; les autres s'étaient
tués avant que d'être pris. L'affaire avait eu
d'autant plus de retentissement que le chef était
un homme connu, riche, marié dans le village
où je tenais garnison. Sa femme avait une sœur
célèbre dans la contrée pour sa grande beauté et
qu'on appelait Mitro, la belle Mitro. Les attaches
de cette famille étaient nombreuses et puissantes. On pensa que le mort serait bientôt
vengé et que je périrais prochainement de façon
tragique.

« A peu de temps de là, deux comitadjis
vinrent me remettre leurs armes. L'aventure
était rare, pour ne pas dire unique. Ils disaient
qu'ils étaient las de cette vie de bêtes pourchassées, qu'ils voyaient bien que la Macédoine ne
s'affranchirait jamais du joug turc, qu'enfin ils

se soumettaient et demandaient même à prendre du service parmi mes soldats.

« L'un s'appelait Serge, l'autre Dimitri.

« Informés des habitudes des insurgés, de leurs lieux de réunion, connaissant leurs noms, leur organisation, une partie de leurs secrets, ils me rendirent les plus grands services. Depuis qu'ils avaient revêtu l'uniforme turc, ils se conduisaient avec une parfaite fidélité. D'abord, je me défiai d'eux, puis, petit à petit, je leur accordai toute ma confiance et je finis même par les aimer de cette affection solide qui s'établit entre hommes qui vivent et combattent côte à côte et courent les mêmes dangers.

« Plus d'un an s'était écoulé depuis que j'avais détruit cette bande de comitadjis ; bien d'autres événements, bien d'autres drames sanglants s'étaient déroulés dans ce pays infernal où nul jour ne se passait sans complots, machinations ténébreuses, attentats, et le souvenir de celui-là était oublié.

« Un soir que je me promenais non loin du village, je vis cette fille bulgare, cette Mitro dont je vous ai parlé, venir vers moi ; elle s'arrêta, me regarda dans les yeux et me dit : « Aziz bey, on va te tuer, tiens-toi sur tes « gardes » et passa.

« Je songeai : pourquoi m'a-t-elle dit cela ?
J'y pensai toute la nuit sans découvrir d'explica-
tion, ni d'où pouvait venir le danger.

« Le lendemain, comme je me promenais au
même endroit, je la vis de nouveau s'approcher.
Elle passa près de moi, s'arrêta encore : « Aziz
« bey, tu me crois ton ennemie, peut-être tu né
« voudras pas m'écouter, mais prends garde, on
« doit te tuer demain et c'est Dimitri et Serge qui
« feront le coup. »

« Mon ennemie, cette fille l'est à coup sûr,
pensai-je ; j'ai fait tuer son beau-frère ; on né
pardonne guère en ce pays-ci ! Pourquoi me dit-
elle cela ? N'est-ce pas tout simplement pour me
mettre en défiance contre Dimitri et Serge qui
ont trahi les Bulgares et leur ont fait tant de mal ?

« Et je continuai de réfléchir à l'extraordinaire démarche de cette fille. Dimitri et Serge
devaient, en effet, venir le lendemain dans la
nuit me rendre compte d'une importante mission
que je leur avais confiée. Comment le savait-elle ?
S'ils voulaient me tuer, pensai-je encore, pourquoi ne l'ont-ils pas fait plus tôt ? A tout hasard,
j'appelai mon sergent turc en qui j'avais la plus
absolue confiance et lui dis : « Demain, à telle
« heure, Dimitri et Serge viendront au konak.
« Tu les introduiras chez moi ; laisse ma porte

« ouverte, place-toi dans l'ombre ; eux se tien-
« dront devant ma table ; épaule ton fusil de façon
« à les tenir tous deux en joue et, à un signe que
« je te ferai, tire de manière à les abattre d'un
« seul coup. » Puis je vérifiai mes pistolets, les
mis dans le tiroir de ma table et attendis tranquillement le jour suivant.

« La nuit était tombée. J'étais assis à mon
bureau, songeant à ce que m'avait dit Mitro.
Les deux hommes arrivèrent à l'heure dite. Mon
sergent les introduisit. Ils s'arrêtèrent devant
ma table, se tenant dans une attitude rigide de
soldats devant leur chef. Nous nous regardâmes.
Expliquez cela comme vous voudrez, je sentis
immédiatement que ces hommes étaient venus
pour me tuer, et eux sentirent, à n'en pas douter,
et sans pouvoir se le communiquer, que je le
savais. Nous nous regardions toujours sans dire
mot. Je pensais : « Je vais les faire arrêter ! » et
eux : « Nous allons le tuer ! » Et nous demeurions silencieux les uns en face de l'autre.
Encore une fois, expliquez cela comme vous
pourrez : je n'avais pas la force de commander
qu'on les arrêtât ou de faire le geste nécessaire
pour que mon sergent les abattît. Pourtant rien
qui compte moins que la vie de deux hommes
en ce pays ! et je voyais sous leurs tuniques le

costume kaki des comitadjis bulgares qu'ils
avaient revêtu d'avance pour prendre la campagne après m'avoir assassiné. Eux aussi de-
meuraient comme paralysés ; et je vous jure
qu'ils savaient cependant ce que c'était que du
sang répandu et que de tuer un homme. Était-ce
manque de courage, ou sentiment d'une amitié
réciproque, à laquelle eux ni moi n'avaient
peut être jamais réfléchi et dont la force se ma-
nifestait soudain ? Évidemment, ces hommes
m'avaient aimé comme des primitifs aiment un
chef, et moi aussi je les avais aimés comme des
ennemis que l'on a conquis et séduits.

« Qu'avez-vous à me dire, leur demandai-je ? »
Ils balbutièrent et leurs yeux bougeaient :
« C'est bien, allez-vous-en, vous reviendrez me
« parler demain. »

« Ils sortirent. Dès qu'ils furent dehors, comme
s'ils eussent rompu un envoûtement, ils se
mirent soudain à pousser des cris, cris de ralliement de comitadjis, cris d'exécration contre les
Turcs, et tirèrent par mes fenêtres. Les balles
passèrent au-dessus de ma tête, allant se loger
dans le mur.

« Je n'avais jamais éprouvé un trouble pareil.
Je doutais de moi-même ! Pourquoi ne les
avais-je pas tués ? pourquoi ne les avais-je pas

fait arrêter? Et soudain la figure de cette fille
qui m'avait averti passa devant ma pensée.
Pourquoi elle aussi avait-elle fait cela, puisqu'elle
devait me haïr, puisqu'elle me haïssait à coup
sûr? Je vous l'ai déjà dit, je crois : je ne pensais
pas aux femmes; tout mon sang brûlait pour la
guerre; officier au service d'une patrie menacée,
tenu constamment en haleine, harassé de fatigues constantes, je rêvais je ne sais quels rêves
fous de très jeune homme et de très jeune soldat enivré par la lecture de la vie et des campagnes de Napoléon. Auprès de cela, l'amour
me paraissait le plus banal des divertissements.
Je n'étais pas fat parce que j'étais follement
orgueilleux. Je ne sais pourquoi l'idée que
cette femme m'aimât m'effleura à peine. Je pré-
férai chercher là-dessous les plus bizarres machinations.

« Durant plusieurs jours, je ne rencontrai plus
Mitro. Enfin, je l'aperçus un soir non loin de ce
même lieu où elle m'avait averti. Elle cherchait
à m'éviter. J'allai à elle et lui dis : « Mitro,
« pourquoi m'as-tu sauvé la vie? » Elle me regarda très fixement, très profondément : « Aziz
« bey, je ne voulais pas qu'on te tuât » et se mit
à pleurer.....

« Je ne doutais plus qu'elle m'aimât. Nous

nous revîmes. J'allais le soir chez elle ; j'entrais
par le verger afin que les gens du pays ne me
vissent pas. Vous ne croirez pas cela ou vous ne
le comprendrez pas : j'étais chaste de cœur et
de pensée, avant que ceci m'advînt je ne songeais pas à l'amour, et maintenant que j'aimais,
je ne désirais rien de plus. Et cette fille, cette
montagnarde saine, primitive, qui n'était jamais
allée dans une ville, avait un sens de l'honneur
si violent qu'elle se fût tuée plutôt que de me
laisser l'embrasser. Nous nous voyions tous les
jours, nous demeurions l'un auprès de l'autre,
heureux d'être là tous deux, et elle me disait :
« Aziz, il faut m'épouser, tu n'auras pas d'autre
« femme que moi, aucune autre femme ne t'aimera
« comme je t'aime. Je suis ta fiancée, je serai ta
« femme quels que soient les obstacles qui s'élè-
« vent entre nous. Un amour comme le nôtre est
« plus fort que tout. C'est vrai, je suis une cam-
« pagnarde, mais tu m'enverras à Stamboul, tu
« me feras donner l'éducation d'une dame. Il
« faut le faire Aziz, parce que notre bonheur à
« tous deux est là. »

« Je l'aimais, mais j'avais rêvé d'un tout autre
mariage. Quoi ! épouser une paysanne bulgare
dont j'avais tué le beau-frère ! J'hésitais. Et
chaque jour elle me répétait : « Aziz, il faut

« m'épouser, je t'aime, tu n'auras pas d'autre
« femme que moi. »

« Notre liaison avait fini par être connue. Les
camarades, les Turcs du pays me blâmaient.
Pour elle, les chrétiens la considéraient comme
une renégate.

« J'hésitais toujours à l'épouser, lorsque je
reçus l'ordre de quitter le pays et de me rendre
dans un poste éloigné. Je considérai cet ordre
comme une sorte d'arrêt de la destinée. Nous
avions fait un rêve fou, impossible ! l'absence,
l'éloignement briseraient tout. J'allai dire adieu
à Mitro, je lui dis les banalités d'usage en pareil
cas : que je l'aimais..., que la vie, plus forte que
nous, nous séparait..., que je ne l'oublierais
pas... Elle ne pleura pas, mais me répéta encore :
« Aziz, tu n'auras pas d'autre femme que moi ! »

« Je la quittai. Je sentais qu'elle me regardait
m'éloigner ; me retournant, je vis son long regard,
ses yeux qu'elle cachait à demi dans des fleurs
qu'elle tenait à la main, qui me suivaient. Ah !
pourquoi ne suis-je pas revenu sur mes pas ?
Comment ai-je pu résister à ce regard ? Je ne sais
si vous avez jamais, par je ne sais quelle faiblesse
devant la vie et l'opinion des hommes, abandonné une femme qui vous aimait et que vous
aimiez. Mais peut-être m'avez-vous compris ? ».

— Soudainement notre guide s'était arrêté.
Mon cheval hennit : d'autres tout près lui répon-
dirent. A quelques mètres de nous les premières
tentes du camp se dessinèrent dans la nuit.
Nous étions arrivés. Ayant mis pied à terre nous
nous assîmes sur nos lits de camp. Un Arabe
préparait du thé et Aziz bey continua.

« J'étais installé depuis plusieurs mois déjà
dans mon nouveau poste. Je songeais à elle ; sa
pensée ne me quittait pas. Un jour, je reçus une
lettre du camarade qui m'avait remplacé dans ce
village où je l'avais connue. Cette lettre disait :
« Ne songe plus à Mitro, c'est une farceuse. Nous
« avons su qu'elle te trahissait auprès des Bul-
« gares et ne t'avait averti que pour se lier avec
« toi, mieux connaître nos secrets et nos projets
« et les livrer aux comitadjis. N'y pense plus ! »

« Ainsi Mitro me trahissait, ainsi ce grand
amour n'était qu'une comédie ! J'étais boule-
versé. Puis je songeai : Mais elle ne m'a jamais
rien demandé ; elle ne s'est jamais occupée de
mes démêlés avec les Bulgares, ni ne m'en a
parlé. Et puis comment supposer qu'elle ait pu
mentir ? L'amour est aveugle ; cependant on ne
se trompe pas sur certains mots, certaines expres-
sions du visage, certain ton de voix ; ou bien
c'est que tout ment dans la vie.

« Mon ami, sachant combien je l'aimais, combien je devais souffrir de la séparation, n'avait-il pas cru me rendre un grand service en brisant à jamais les liens qui m'unissaient à elle?

« Mensonge ou vérité, je voulus tout savoir; j'obtins un congé et me rendis à Monastir.

« Là je m'informai d'elle à mots couverts et sans qu'on pût soupçonner qui j'étais. Elle était fort connue dans le pays. Quelqu'un me dit : « Ah! « vous parlez de cette fille bulgare qui aimait un « officier turc; les comitadjis l'ont su et s'en sont « bien vengés; ils sont entrés une nuit chez elle « et l'ont violée. »

« Heureusement, l'homme qui me disait cela ne voyait pas mon visage; il faisait nuit, j'étais assis dans l'ombre, appuyé contre le mur de la salle d'auberge. Je demeurai là, immobile, sans dire mot !

« Le lendemain soir je me rendis à son village. J'entrai dans le jardin. Il y avait de la lumière dans la maison. Je m'approchai de la fenêtre; elle était assise, l'air tranquille, les mains sur ses genoux et ne bougeant pas. Je poussai la porte; elle leva les yeux sans paraître effrayée, ne parut pas surprise de me voir et me dit : « C'est toi, Aziz; pourquoi es-tu venu? Puisque « tu es là, c'est que tu sais tout. Eh bien, ce qui

« est arrivé, ce n'est la faute ni de Dimitri, ni de
« Serge, c'est Dieu qui l'a voulu ainsi, c'est Dieu
« qui m'a punie d'avoir aimé un homme qui
« n'était ni de ma religion, ni de mon sang, et
« qui avait tué les miens.

— Mitro, j'ai reçu une lettre où on me disait
« que tu avais feint de m'aimer pour connaître
« nos projets contre les comitadjis et les leur
« livrer.

— C'est moi, Aziz, qui t'ai fait écrire cette
« lettre. Après ce qui était arrivé je n'étais plus
« digne de toi. Cependant, je savais que tu
« pensais toujours à moi, que tu souffrais à
« cause de moi. Alors, j'ai voulu que tu m'ou-
« blies ; j'ai cru que tu ne pourrais plus aimer
« une espionne ! »

« Devant une si grande preuve d'amour, je me
jetai à ses pieds : « Mitro, Mitro, tu avais raison
« de dire que jamais femme ne m'aimerait comme
« tu m'aimais ! »

« Je lui pris les mains. Elle pleurait silencieu-
sement.

« Mitro, repris-je, ce qui est passé est passé,
« oublions-le. C'est moi qui suis cause de tous
« ces malheurs. Maintenant je vois bien que tu
« avais raison ; je t'emmènerai avec moi, tu
« seras ma femme. »

*

« Eh bien, j'eus beau prier et implorer, elle
ne voulut jamais. Elle faisait non de la tête et me
disait : « Aziz, quand j'ai voulu être ta femme, je
« n'étais qu'une paysanne bulgare, mais je te
« donnais Mitro ; maintenant je n'ai plus rien à
« donner. »

« Je lui jurai que je l'aimais mille fois plus
qu'auparavant, que jamais femme n'avait donné
à un homme preuves d'amour plus grandes que
celles que j'avais reçues d'elle, qu'elle m'avait
sauvé la vie.

« Non, Aziz, c'est fini, pars, ne songe plus
« à moi. »

« Je la suppliai encore, je serrais ses genoux.
Après être demeurée longtemps silencieuse, elle
me dit d'une voix que je n'oublierai jamais :

« O Aziz, je suis jalouse de mon amour ! »

« Pourtant, ce n'était qu'une paysanne, mais
jamais femme ne m'a parlé ainsi. Elle m'a séparé
des autres femmes pour toujours ; elle a pris tout
ce qu'il y avait en moi pour elles.

« Mitro, lui dis-je encore, tout cela est trop
« proche de toi, mais tu l'oublieras, et je sais
« maintenant que moi, tu ne m'oublieras pas.

« Alors quand tu voudras, aujourd'hui, demain,
« dans un an ou dans dix ans, viens me trouver,
« tu seras ma femme. Tu m'as dit si souvent, tu

« sais bien, que je n'aurais pas d'autre femme
« que toi. »

« Pourquoi l'ai-je quittée cette fois encore ? Je
devais l'emporter de force. Il y a des moments
avec les femmes où il faut être le maître, décider
soi-même et pour elles, les contraindre à être
heureuses. Mais nous devons tous nos malheurs
à notre faiblesse.

« Je rentrai dans ma garnison désespéré,
n'ayant plus goût à la vie. J'attendais qu'elle
vînt, j'attendais sans y croire ; quelque chose me
disait pourtant que ce n'était pas fini !

« Ce qui vint, ce fut une lettre qui me disait :
« On a su que tu étais venu ici, que tu avais
« revu Mitro, et les comitadjis bulgares l'ont
« assassinée... »

« Je partis à l'heure même. J'avais maintenant
un but dans la vie, m'emparer de ceux qui
l'avaient tuée et la venger.

« Quand j'arrivai à Monastir, la Constitution
venait d'être proclamée : comitadjis et gendarmes s'embrassaient sur la bouche ; amnistie
générale : Turcs, Bulgares, Serbes, Albanais se
promenaient la main dans la main à travers les
rues pleines de fleurs et sous les arcs de triomphe, chantant à pleine voix : « Vive la liberté !
« vive l'égalité ! vive la fraternité ! »

« Ainsi l'accomplissement du grand rêve de mes jeunes années de soldat, du rêve que tous mes camarades de l'armée turque et moi avions tant caressé, de la réconciliation des peuples soumis à la Turquie, de la fin d'une tyrannie abominable et des massacres, du rêve pour lequel nous avions tant combattu et si souvent risqué notre vie, pour la réalisation duquel nous l'eussions si joyeusement donnée, non seulement s'accompagnait pour moi d'un épouvantable malheur, mais, par une sorte de dérision, y mettait encore le comble. Comment la vengerais-je ? Qui me donnerait appui ? Où trouver des renseignements ? Qui s'intéresserait ici à Mitro et à Aziz ? On ne me permettrait pas seulement de poursuivre les assassins. A vouloir ressusciter les vieilles haines au moment où tout était oublié, j'aurais tout le monde contre moi, Turcs et Bulgares.

« Durant mon séjour en ce pays j'avais entretenu d'assez bonnes relations avec le pope exarchiste. J'allai le voir. J'étais si malheureux que je tombai dans ses bras. C'était le premier, le seul peut-être à qui je pusse confier ma douleur. Il l'avait connue !.... Soudain, il se mit à pleurer lui aussi et me dit : « Aziz bey, je vous demande « pardon, vous avez eu confiance en moi et moi

« j'ai trahi cette confiance. Aziz bey, c'est moi
« la cause de tous vos malheurs ; c'est chez moi
« que se réunissaient les comitadjis, c'est chez
« moi que fut comploté votre assassinat, c'est
« moi qui dirigeais tout le mouvement révolu-
« tionnaire, enfin c'est par moi que les comi-
« tadjis ont appris que Mitro vous aimait et vous
« avait sauvé la vie, en vous dénonçant le projet
« qu'avaient fait Serge et Dimitri de vous assas-
« siner. Dieu m'a puni, Aziz bey. Parmi ces
« comitadjis il n'y avait pas que des patriotes,
« vous le savez, mais aussi des bandits. J'avais
« une fille que vous vous rappelez peut-être, eh
« bien, ils me l'ont enlevée, ils l'ont violée comme
« ils avaient violé Mitro. »

« Il se mit à sangloter. Ses larmes coulaient
sur mes mains qu'il étreignait. Agenouillé devant moi, il me demandait pardon :

« Pardonnez-moi, pardonnez-moi, Aziz bey,
« au nom de Dieu qui m'a puni ! »

« Ainsi j'avais été trahi de tous côtés. Ainsi
tout ce en quoi j'avais cru : patrie, amitié, s'était
retourné contre moi. Celle que j'aimais gisait
sanglante, assassinée par ma faute, par ma lâcheté.
Allais-je me venger sur ce vieil homme ? Je me
rappelle que mes mains tremblaient, non de
haine et de colère, mais comme si j'eusse été

atteint d'une lassitude profonde, comme si on m'eût tiré tout mon sang, assommé d'un coup mortel.

« Quel besoin éprouve-t-on de se déchirer ? Je voulus savoir comment elle était morte :

« Les gens des bandes, me dit le vieux pope, « ont su que vous l'aviez revue. Une nuit, ils sont « venus dans le village, ont pénétré chez elle et « lui ont dit : — Mitro, tu nous as encore trahis « avec l'officier turc, nous allons te juger, dé-« fends-toi. » Elle était violente, elle avait plus « de sang rouge et de courage qu'un homme ; elle « les insulta : — Oui j'ai aimé l'officier turc, leur « dit-elle, je l'ai aimé de toute mon âme ! Eh « bien ! lui, ce Turc, ce musulman, il le savait, « je le lui avais dit, et il m'a respectée, il ne m'a « jamais touchée, il ne m'a jamais seulement « embrassée ; et vous qui êtes de ma religion « et de ma race, vous m'avez fait le plus grand « outrage qu'on puisse faire à une fille : vous « m'avez volé mon honneur. Qu'importe que « vous me tuiez maintenant, chiens, assas-« sins, je vous renie, je renie votre sang, je renie « votre religion. » Eux, penchés sur leurs cou-« teaux et leurs sabres, tout le corps tendu, con-« tenus seulement par les yeux de Mitro, se « disaient : — Quoi ! après avoir livré nos frères,

« après avoir aimé notre ennemi, voilà qu'elle le
« défend encore, voilà qu'elle nous injurie ! »
« Elle leur crachait au visage. Alors ils tirèrent
« leurs sabres et leurs couteaux et l'égorgè-
« rent. »

« Le soir, une fièvre violente me prit. On me
transporta à Constantinople où, durant trois
mois, on crut que j'allais mourir.

« J'ai guéri, je suis retourné à Monastir, j'ai
revu le vieux pope, et, à l'endroit où on l'avait
enterrée, j'ai fait mettre une pierre sculptée avec
son nom et le mien auprès : MITRO, AZIZ.

« Puis je suis parti me battre au Yémen ; puis
je suis venu ici ! »

L'Image

J'ai voulu mettre à la dernière page de ce
livre de défaite et d'humiliation la figure de cette
fiancée deux fois sanglante, mais qui ne douta
pas de son amour, qui fut jalouse de le garder
intact et qui l'emporta avec elle dans la mort.
Celle-là n'a pas été vaincue. Je ne sais si, dans
le cimetière du petit village de Macédoine, où
Aziz bey fit écrire le nom de Mitro et le sien, il
reste rien aujourd'hui de la pierre qu'il lui éleva;
qu'importe? Elle peut dormir tranquille, sûre
d'être immortelle dans ce cœur qu'elle a façonné
à jamais.

Tandis que j'écoutais le récit d'Aziz bey, il me
semblait que ce fût elle qui nous guidât à travers
le sable du désert, enveloppée dans cette forme
blanche qui flottait devant nous, silencieuse et
toujours présente dans la nuit, près de la tête
de nos chevaux.

Et je songeais combien il est nécessaire que

de telles images accompagnent les soldats. Sans elles, que deviendraient-ils devant la mort? C'est la « Dame » des chevaliers, la Dulcinée de Don Quichotte, « la Blonde », « la Noire » des troupiers français, évoquée sans cesse dans toutes les conversations, dans tous les refrains, divine, sublime ou grossière tour à tour et selon l'âme de chacun, mais toute-puissante.

« Une amie de France est avec toi », me disait un jour mon petit interprète arabe durant une étape de l'interminable traversée de la Grande Syrte, tandis qu'une hirondelle à la poitrine ensanglantée voletait autour de ma tête et ne voulait pas me quitter.

Chacun de nous l'a vue galoper à côté de son cheval, empruntant la forme d'un grand levrier blanc, ou bondir la nuit autour de soi, suspendue entre ciel et terre, pareille à une flamme, ou venir s'asseoir, compagne muette, ange gardien, au seuil de sa tente.

Elle est là au moment du danger, défendant qu'on soit lâche. C'est elle que contemplent encore les yeux qui vont se clore et qu'ils cherchent à enfermer sous leurs paupières. Réunissant sous de mêmes traits le visage de la femme aimée et celui de la Patrie, c'est à elle que les mourants adressent leur dernière pensée.

Plus fortement que jamais j'ai senti l'impérieuse nécessité de sa présence lorsque je parcourais, après la bataille des 17 et 18 novembre devant Tchataldja, cette vallée sans abri du Karasou, ces pentes nues et pelées, véritables glacis qui montent aux forts d'Ilèré Tabia et de Bakchaïchkeuï. Là, durant deux jours, tout l'effort des soldats bulgares s'était épuisé à faire un pas, un pas encore, un seul pas de plus en avant. Là des hommes de chair et d'os, c'est-à-dire sujets à la peur comme tous les autres hommes, avaient subi l'ouragan de la mort multiforme, omniprésente, roulant sur eux en avalanche, et avaient marché contre elle. En un tel instant, ce n'est plus l'instrument matériel, si parfait soit-il, qui joue et agit seul. Tout est remis à la force morale qui sublime le cœur. Les antiques figures de l'amour et de la mort s'affrontent l'une l'autre et se disputent la victoire.

La nécessité d'une telle présence, je l'éprouvais encore à regarder passer ces malheureux soldats turcs sans une femme pour les accompagner ou les embrasser. Qu'est-ce donc qui ferait briller leurs yeux dans le combat, y mettrait une flamme, donnerait des traits vivants à la Patrie ?

Un jeune officier turc me disait un jour : « Toute notre décadence, toute notre défaite proviennent de l'absence de la femme dans notre société. »

C'est la parole la plus profonde que j'aie entendue sur la Turquie. Une société, une civilisation se jugent par le rôle qu'y joue la femme et le rang qu'elle y occupe.

Et, pensant à la guerre future, la nôtre, prochaine sans doute, où se déciderait le sort de l'Europe et auprès de laquelle celle-ci n'aurait été qu'un jeu d'enfants, aux images aussi belles que celles de Mitro, plus belles encore, qui nous y soutiendraient, au poids formidable de force morale que, par elles, nous y porterions avec nous, je ne doutais pas de la victoire!

TABLE DES MATIÈRES

CARTE DES OPÉRATIONS DES ARMÉES TURCO-BULGARES EN THRACE DURANT LA DEUXIÈME PARTIE DE LA GUERRE

(FÉVRIER - AVRIL 1913)

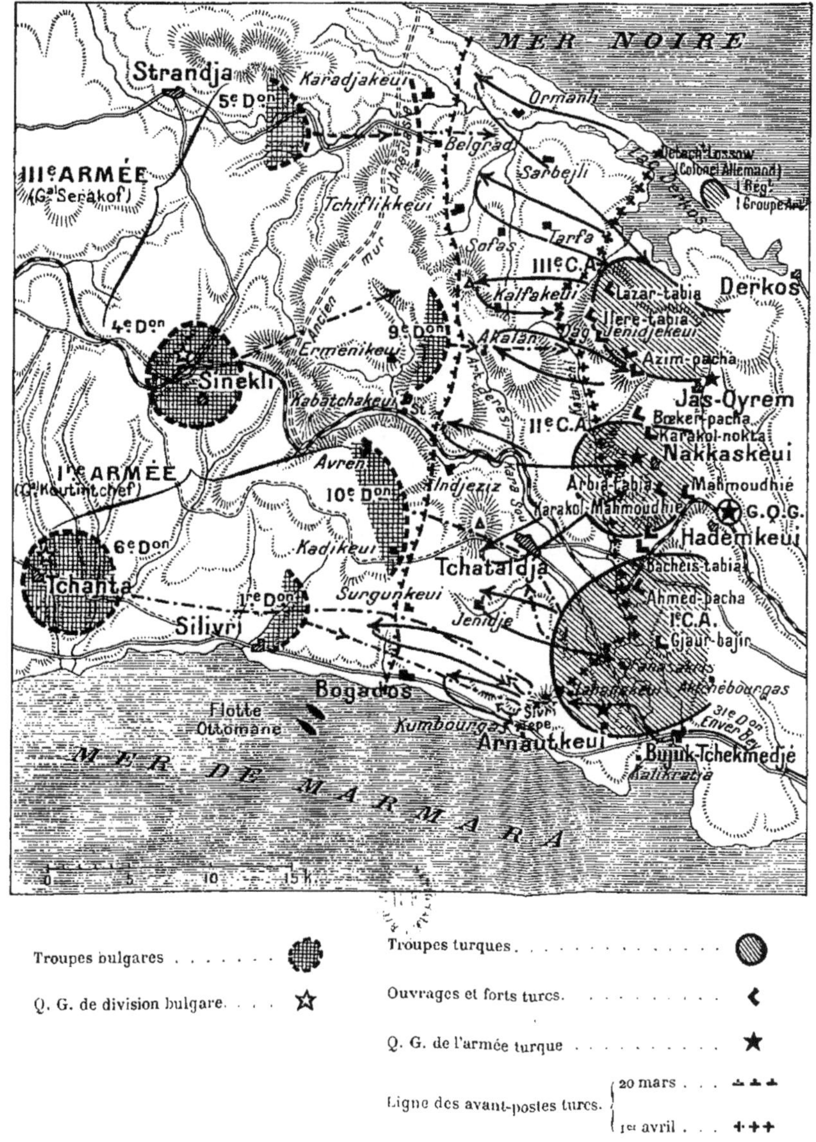

G. Rémond. — Avec les Vaincus.

CARTE DE LA THRACE, DE KIRK-KILISSÉ A CONSTANTINOPLE, OU SE DÉROULA LA PREMIÈRE PARTIE DE LA GUERRE TURCO-BULGARE

(OCTOBRE-DÉCEMBRE 1912)

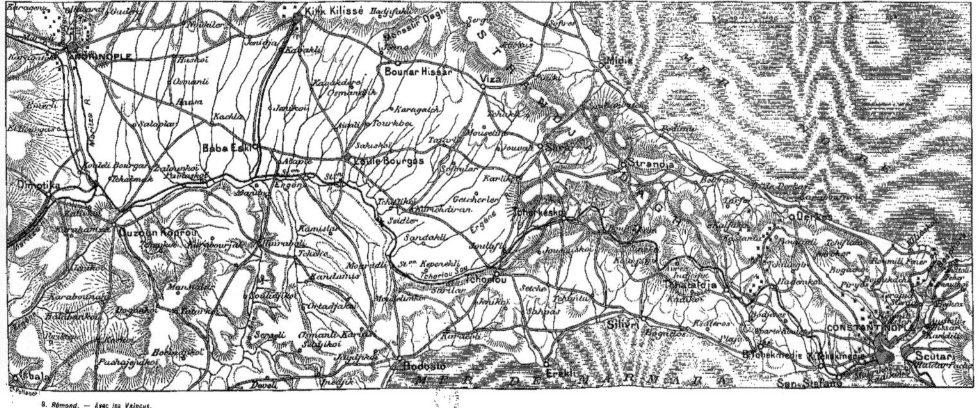

G. Rémond. — Avec les Vaincus.

Vers l'Armée, par le général CHERFILS. 1913. Un volume in-12 de 420 pages, broché . . . . **3 fr. 50**

L'Armée toujours prête, par Joseph REINACH, député. 1913. Un volume in-12 de 467 pages, broché. . . . . **3 fr. 50**

Nos Frontières de l'Est et du Nord, *Le service de deux ans et sa répercussion sur leur défense*, par le général C. MALTROT. Nouvelle édition revue, mise à jour et augmentée, avec une Préface du général KESSLER. 1913. Un volume grand in-8, avec 9 cartes et 8 croquis, broché . . . . **3 fr. 50**

Une Réponse française au Programme militaire allemand, par le capitaine LE FRANÇAIS. 1912. Un volume in-8 de 169 pages, broché. **2 fr. 50**

La Prochaine Guerre, par Charles MALO. Avec une Préface par Henri WELSCHINGER, de l'Institut. 1912. Un volume grand in-8 . . . . **2 fr.**

Les Armements allemands. La Riposte, par le capitaine Pierre FÉLIX. 1912. Un volume in-8 de 137 pages, broché. . . . . **1 fr.**

Force au Droit (*Question d'Alsace-Lorraine*), par H. MARINGER. 1913. Un volume in-12, avec 2 cartes dressées par le lieutenant LAPOINTE, br. . **3 fr. 50**

La Légion étrangère et le Droit international, par Charles POIMINO, docteur en droit. 1913. Un volume grand in-8, broché. . . . . **5 fr.**

Essais sur la Guerre russo-japonaise, par le capitaine DE SALIGNY, de l'infanterie coloniale. 1913. Un volume grand in-8 de 484 pages, avec 5 croquis hors texte, broché. . . . . **10 fr.**

Journal de route d'un Officier d'état-major pendant la Guerre russo-japonaise, par le lieutenant-colonel Sir Ian HAMILTON. Traduit de l'anglais par le lieutenant VENDET, du 66e régiment d'infanterie. Préface de M. le général LANGLOIS, ancien membre du Conseil supérieur de la guerre. 1909. Deux volumes in-8, 700 pages, avec, hors texte, 32 photographies, 15 cartes et 27 vues panoramiques, brochés . . . . **20 fr.**

La Défense de Port-Arthur, par les colonels A. VON SCHWARZ et G. ROMANOVSKI. Traduit par J. LEPOIVRE, chef d'escadron d'artillerie :

— *Première partie*. 1912. Un volume grand in-8 de 459 pages, avec 73 figures dans le texte et 11 planches hors texte, en noir et en couleurs, broché. **12 fr.**

— *Deuxième partie*. 1913. Un volume grand in-8 de 651 pages, avec 81 figures dans le texte, 2 planches hors texte et un grand panorama (longueur 2m35), broché. . . . . **13 fr. 50**

— Le *Panorama*, séparément. . . . . **1 fr. 50**

Préceptes et Jugements de Napoléon, recueillis par le lieutenant-colonel Ernest PICARD. 1912. Un volume grand in-8 de xx-390 pages, broché. **10 fr.**

Napoléon en Campagne, par le lieutenant-colonel VACHÉE. 1913. Un volume grand in-8 de 222 pages, avec 3 cartes hors texte, broché. . . . . . . **4 fr.**

Vaincre. *Esquisse d'une doctrine de la Guerre basée sur la connaissance de l'homme et sur la Morale*, par le colonel MONTAIGNE :

— *Tome I. Préparation à l'étude de la Guerre* (L'homme, les foules et les races. — L'homme et la peur). 1913. Un volume grand in-8 de 268 pages, broché . . . . **6 fr.**

— *Tome II. Étude de la Guerre* (I. Les faits. — II. Les doctrines). 1913. Un volume grand in-8 de 268 pages, broché. . . . . **6 fr.**

— *Tome III. La Guerre* (I. La guerre dans sa forme. L'idée d'anéantissement. — II. La guerre dans son essence. La pensée de sacrifice), 1913. Un volume grand in-8 de 200 pages, broché. . . . . **4 fr.**

Le Problème méditerranéen. *Les points de vue anglais, allemand, italien, austro-hongrois, russe, français. Conclusion*, par Charles VELLAY, docteur ès lettres, rédacteur à la *Dépêche*. 1913. Un volume in-8, broché . . . . **1 fr. 25**

www.ingramcontent.com/pod-product-compliance
Ingram Content Group UK Ltd.
Pitfield, Milton Keynes, MK11 3LW, UK
UKHW021847070726
13613UKWH00001B/41